アメリカ政党システムのダイナミズム

仕組みと変化の原動力

吉野 孝 著

東信堂

はしがき

　最近のアメリカ政治は「分極化」または「分断」によって特徴づけられ，変化・混乱に満ちている。それは多くの領域で観察することができる。
　まず，過去半世紀間のアメリカ政治における平等化・差別是正の流れを見直す動きが起こっている。1960年代以降の女性解放運動の高まりの中で，連邦最高裁判所は1973年に，女性の人工妊娠中絶を合憲とする画期的な判決（ロー対ウェイド判決）を下した。その理由は，連邦憲法は女性が自身で妊娠中絶を行うか否かを決定することを含むプライバシーの権利をもつことを認めており，これを認めない州法は，州が法の適正手続きなしに人々の自由を奪うことを禁止した連邦憲法第14修正に違反しているからである。しかし，同裁判所は2022年6月に，そもそも連邦憲法はそのようなプライバシーの権利を認めていないというまったく逆の理由で，ロー対ウェイド判決を覆す判断を示し，人工妊娠中絶を認めるか否かの権限は州法にあるとした。
　また，連邦最高裁判所は，2023年6月，大学への入学選考に人種を優先するアファーマティブアクションを採用することを違憲とする判決を提示した。これは，2014年に同制度に反対する団体が，ハーバード大学とノースカロライナ大学（チャペルヒル）を相手に起こした申し立てへの判決であった。連邦政府による同制度の採用はケネディ大統領に始まり，その後の公民権運動の高まりを受け，ジョンソン大統領が1965年にそれを広範かつ具体的に規定した。その後，多くの大学や企業で人

種を優先する選考が開始され、連邦最高裁判所は1978年にこれを合憲と判断した。しかし、1990年代になると、「逆差別」を理由に、フロリダやカリフォルニアなど9州で公立大学の入試選考で人種を考慮することを禁止しており、最高裁判決はこれを再確認するものであった。

次に、投票手続きを変更して、特定の選挙民を投票から排除しようとする動きが起こっている。2000年代に入った後、民主党は支持者を選挙に動員する手段として郵便投票を活用しており、戸別訪問では選挙民に郵便投票の利用を勧めている。これに危機感をもったトランプ大統領は、在任中から郵便投票を不正の温床ときめつけ、同制度に批判的な姿勢を示した。そして、2020年11月選挙でトランプ大統領が敗れると、共和党勢力が強い州では、郵便投票の制限や投票所の数的削減などをつうじて黒人や人種的マイノリティを投票から排除しようという動きが始まった。2021年に入ってからの半年間に、不正投票を防止するという名目で郵便投票手続きを厳格化し、マイノリティ集団の投票を制限する法律が少なくとも19州で33本制定された。これも過去の平等化・差別是正の流れを見直す動きである。

国際政治の領域では、国際主義と孤立主義(反グローバリズム)の対立が激しさを増している。かつてアメリカの外交政策では、孤立主義が大きな力をもっていた。建国当初、建国の父たちはヨーロッパの国際政治への関与を避ける傾向(モンロー・ドクトリン)があり、第一次世界大戦後、連邦議会はアメリカが国際連盟に加入することを承認しなかった。第二次世界大戦後、このような伝統的な孤立主義は姿を潜めたものの、「アメリカ第一」「強いアメリカの再生」を掲げるトランプ大統領は、アメリカ人の雇用促進、移民の制限、国際機関や国際協定からの離脱という反グローバリズムを主張した。バイデン大統領は、当選後、国際主義を復活させたものの、2023年に共和党の一部保守派議員が、トランプ前大統領とともに、反グローバリズムに基づきウクライナ支援予算に反対したのは記憶に新しいところである。

さらに，最近のアメリカ政治の変化・混乱ぶりを象徴しているのが，2024年6月に実施された2大政党の事実上の候補者のテレビ討論会であろう。重要なのは，討論が非難の応酬に終わった，トランプ前大統領が数多くの事実に反する発言をした，バイデン大統領が精彩を欠いていたということではない。重要なのは，平均年齢が38歳という比較的若いアメリカにおいて，81歳の現職大統領と79歳の前大統領が1980年代の——若者にとってはまさに時代遅れの——保守対リベラルの意見表明を繰り返していたという事実に対して，主要なメディアや政治家が何らの疑問をも投げかけなかったことである。

それでは，なぜアメリカではこのような変化・混乱が起こっているのであろうか。それらの出現を説明するいくつかの個別的な理由は存在する。

第1の理由は，アメリカ社会においてリベラル勢力と保守勢力の対立が激しさを増しているからである。1930年代のニューディール政策の実施以降，アメリカではリベラル勢力が大きな力をもち，その政策が国民の多くに受け入れられた。しかし，1960年代より少しずつ保守化の動きが現れ，1980年代になると，レーガン大統領により多くの「小さな政府」・自由化・規制緩和政策が採用され，アメリカ政治の保守化が進んだ。現在，両勢力は激しく対立し，ここ数年の間に連邦最高裁判所が過去の平等化・差別是正の流れを見直す判決を出したのは，保守派判事が共和党大統領によって任命された結果でもある。

第2の理由は，経済社会のグローバル化が進行しているからである。1970年代より途上国の安価な製品が大量に流入することによりアメリカの国内産業は打撃を受け，さらに1980年代以降の経済のグローバル化の中で，多くの工場が賃金の安い海外の途上国に移転し，いわゆる産業の空洞化が進んだ。また，同時期に多くの移民が流入した結果，白人は移民が雇用を奪ったと考えた。こうして政治に不満をもつ白人の怒りが蓄積し，国内重視の政策と移民の規制・排除という内向きの政策が支

持された。

　第3の理由は，世界政治においてアメリカの影響力が低下しているからである。かつて1980年代から1990年代にかけて，アメリカは米ソ冷戦に「勝利」し，一時的に国際政治における覇権を握ることができた。しかし，中国を初めとする途上国の国際競争力が増大し，国際社会におけるそれらの国の発言力が高まると，国内に失業などの大きな問題を抱えているアメリカが，世界政治に関与し他国の紛争に大きな資源を投入するのはおかしいという議論が広がった。このような議論が，トランプ前大統領と共和党保守派議員の一貫した反グローバル政策を支えている。

　これらに加えて，とくに注目したい第4の理由は，アメリカの政党システムが特異な性格をもっているからである。現在，民主党と共和党がそれぞれリベラル勢力と保守勢力を支持基盤としており，その結果，アメリカの政党システムは，重要な政治問題に柔軟に対応することができず，むしろ対立関係を固定化・増幅させてしまっているのである。

　アメリカ政治において恒常的に大きな影響力をもつのは民主党と共和党の2大政党だけであり，厳格な権力分離制と連邦制に由来する政党機構の分権性，議会内の政党規律の低さ，党員概念のゆるさなどの特質により，アメリカの大政党は多数のアクターが参加する「ゆるやかな政治空間」を形成していることは，おそらくよく知られている。しかしながら，1850年代に民主党対共和党という2党システムが成立して以降，それがどのように発達し，新たに発生した政治経済問題にどのように対応してきたのかという政党システムのダイナミズムは，残念ながら十分に理解されてはいない。

　現在のアメリカ政治の変化・混乱を理解するためには，アメリカ政党システムのダイナミズムを知る必要がある。本書の目的は，アメリカ政党システムのダイナミズム，とくに政党システムの仕組みと変化の原動力に焦点を合わせて，現在のアメリカ政治の変化・混乱の原因を究明することにある。

目次／アメリカ政党システムのダイナミズム：仕組みと変化の原動力

はしがき……………………………………………………………… i

第1章　本書の目的と内容の概略………………………… 3

第2章　アメリカ政党の特質と政党システムの発展……… 13
　1．2党システムの継続とそれを定着・確立させた要因 …… 13
　2．アメリカの大政党の特質 ………………………………… 18
　3．政党システムの変化の視点の出現 ……………………… 27
　4．政党研究における政党システムの変化分析の重要性 …… 30

第3章　選挙結果に基づく政党システム変化の研究……… 37
　1．選挙民の中での政党システムの再編成説の内容と
　　　形成過程 ………………………………………………… 38
　2．選挙民の中での政党システムの再編成説の批判と
　　　現状説明 ………………………………………………… 45
　3．1990年代に再編成説に再び関心が集まった理由 ……… 49
　4．現在までの再編成説の評価 ……………………………… 54

第4章　運動を起源とする政党システム変化の研究……… 59
　1．政党と運動の関係に関する従来の研究 ………………… 61
　2．運動研究と政党研究の最近の接近 ……………………… 68
　3．運動を起源とみなす政党システム変化の研究 ………… 71
　4．政党システム変化（再編成）の新しい見方 …………… 78

第5章　硬直化した政党システムと文化対立……………… 85
　1．ダルトンの「2次元対立」概念とアメリカ政治 ……… 86
　2．1970年代における女性運動と大政党 ……………… 91
　3．1990年代以降の変化 …………………………… 101

第6章　結　論 ……………………………………… 111
　1．政党システムのダイナミズムと政治の分極化の関係 …… 111
　2．政治の分極化を克服する道 …………………… 113

　参考文献 ……………………………………………… 119

あとがき ……………………………………………… 127

　事項索引 …………………………………………… 131
　人名索引 …………………………………………… 133

アメリカ政党システムのダイナミズム：仕組みと変化の原動力

第1章
本書の目的と内容の概略

　現在のアメリカ政治の中で大きな注目を集めている現象の1つに，政治の「分極化(polarization)」がある。2000年のアメリカ大統領選挙の一般投票の直後に，民主・共和2大政党の勝敗を州別に色分けして，「赤で示された共和党支持州が大海のように拡がり，青で示された民主党支持州が孤島のように赤い大海に取り囲まれる」という衝撃的なイメージをはじめて読者に伝えたのは『ニューヨーク・タイムズ』であった(Ceaser and Busch 2005:1)。以来，アメリカ政治は分極化(または分断)によって特徴づけられてきた。

　分極化とは，「過剰党派的／イデオロギー的過激主義，政策代表不均衡，制度麻痺が組み合わさり現代の政治運営をきわめて問題のあるものにしている状態」を記述する用語であり，それは「通常の政治と政党を超えて，アメリカのイデオロギー・スペクトラムの終点にまで及ぶ分裂」(Crotty 2015:1)を意味する。具体的指標として，連邦議会での政党投票(party-line vote)の比率の上昇，政党統一スコア(party unity score)の上昇，リベラル‐保守のイデオロギー立場を表す指標とされるDW-NOMINATEスコアの政党別平均値の拡大などが用いられる(松本2017: 24-25)[1]。分極化により社会福祉，妊娠中絶，移民などの主要政策に関して民主党と共和党は真正面から対立する態度をとることが多くなると，法案を通過させるのに必要な多数派形成のための妥協も行われず，ときには「決定できない政治」が出現することになる。

　「決定できない政治」が出現するのは，大統領職，連邦上院多数派，

連邦下院多数派が同一政党によって占められていない「分割政府 (divided government)」の期間である。この期間には，大統領職，連邦上院多数派，連邦下院多数派の間で政党を仲介者としての交渉や妥協が難しくなり，アメリカにとって重要な政治課題が先送りされてしまう。2001 年から 2023 年までの 22 年間に，両党から交互にブッシュ (子) (共和, 2001-2009)，オバマ (民主, 2009-2017)，トランプ (共和, 2017-2021)，バイデン (民主, 2021-2025) という 4 名の大統領が就任したものの，この 22 年間のうちの 12 年間は「分割政府」の期間であり，主要な政治課題の多くが未解決のまま残されることになった。過去の事例と比較すると，最近の「分割政府」の発生頻度は高く，このような高さも現在の変化と混乱をより大きなものにしている。

　ところで，政治の分極化が指摘されて以来，多くの研究者や論者が分極化の現状を分析し，その原因を探求してきた。しかしながら，アメリカ政治の分極化が民主・共和 2 大政党から構成される政党システムを舞台として進行しているにもかかわらず，アメリカの 2 大政党または政党システム全体との関連で政治の分極化の原因を究明しようという試みはほとんどなされていない。

　まず，政治の分極化の原因をめぐる議論は多様である。たとえば，アメリカ政治の分極化を政治経済社会の一般的構造変化の視点——人種平等対白人揺り戻しというアイデンティティ政治 (Klein 2020: 249)，新しい階級対立 (Lind 2020)，経済不平等 (Page and Jacob 2009; McCarty, Poole, and Rosenthal 2016) ——から説明しようとするものもあれば，政治の分極化を誘発し激化させた原因を，より具体的に 1995 年に就任した共和党のギングリッチ (Newt Gingrich) 連邦下院議長の対決型政治手法 (Mann and Ornstein 2012: 102-103)，ティーパーティ (Tea Party) 運動の台頭，トランプ大統領の誕生など，政党システムの外部に求める議論もある。また，選挙民に注目する立場からは，民主党支持者の間で保守派投票者が減少し，共和党支持者の間でリベラル投票者が減少した結果，両党のイデオロ

ギー的乖離が進んだという分析 (Saeki 2016:172-173) もある。

　次に，分極化をテーマとする論文集も刊行されている。たとえば，ニヴォラ (Pietro S. Nivola) とブレイディ (David W. Brady) 編『赤と青の国？：アメリカの分極化政治の特徴と原因』(2006 年) では，複数の研究者が政治の分極化の原因を，1) エリートと一般選挙民の分離，2) 歴史，3) 宗教対立，4) メディア，5) 連邦下院議員選挙区割変更におけるゲリマンダリングの視点から分析している (Nivola and Brady, eds. 2006)。ここには，アメリカの2大政党または政党システムに分極化の原因を求めるような議論はない。また，クロッティ (William Crotty) 編『分極化した政治：アメリカの政治システムにおける分裂 (divisiveness) のインパクト』(2015 年) では，宗教集団，女性，黒人，ヒスパニック，同性愛者が分極化の主要因とみなされ，章ごとにそれらの個別的な活動と政党との関係については触れられている (Crotty 2015)。しかし，やはり，ここでも2大政党または政党システムに分極化の原因を求めるような議論はない[2]。

　さらに，日本人研究者としては松本俊太が『アメリカ大統領は分極化した議会で何ができるか』(2017 年) の第1章「2大政党の分極化とは何か」で，議会の分極化を論じた先行研究を検討している。彼は議会の分極化の原因を 1) 有権者の変化，2) 中間アクターの台頭，3) 選挙制度と社会構造の変化の3要因に整理し，それらの因果関係を図1-1のように図式化した (松本 2017: 28-37)。これは，政治の分極化の動きが最初は政党内外でアドヴォカシー団体と政党活動家の活動として始まり，それが連邦議会レベルでの分極化と有権者レベルでの分極化に影響し，さらに連邦議会レベルでの分極化と有権者レベルでの分極化は相互に影響しあうという分極化の連鎖過程を概念化したものとして注目される。

　ところが，残念なことに，松本の目的が議会の分極化の分析にあったため，中間アクターの台頭に関する先行研究の検討が必ずしも十分になされていない。実際にも，連邦議会レベルおよび有権者レベルの分極化の分析が政党投票や政党統一スコア，DW-NOMINATE スコア，サーベ

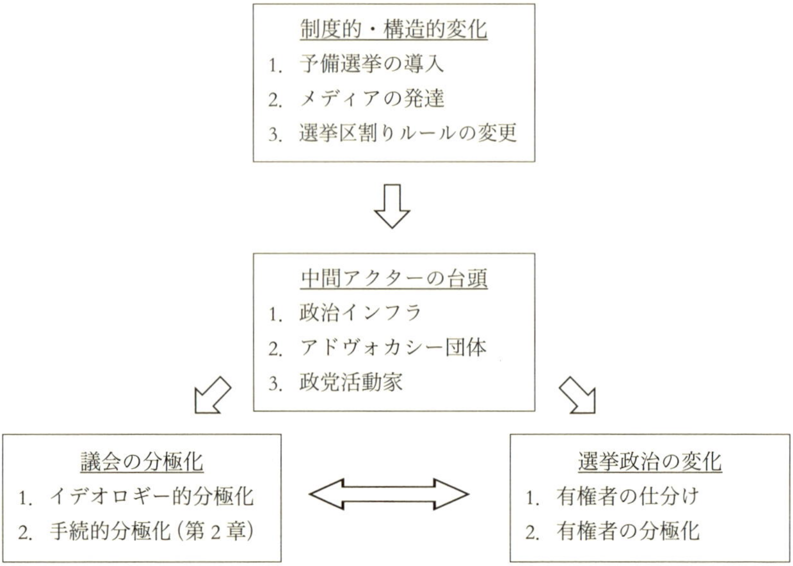

```
        ┌──────────────────┐
        │ 制度的・構造的変化 │
        │ 1. 予備選挙の導入 │
        │ 2. メディアの発達 │
        │ 3. 選挙区割りルールの変更 │
        └──────────────────┘
                 ⇓
        ┌──────────────────┐
        │ 中間アクターの台頭 │
        │ 1. 政治インフラ   │
        │ 2. アドヴォカシー団体 │
        │ 3. 政党活動家     │
        └──────────────────┘
          ⇙              ⇘
┌────────────────┐   ┌────────────────┐
│ 議会の分極化    │⇔ │ 選挙政治の変化  │
│ 1. イデオロギー的分極化 │   │ 1. 有権者の仕分け │
│ 2. 手続的分極化 (第2章) │   │ 2. 有権者の分極化 │
└────────────────┘   └────────────────┘
```

図 1-1　議会の分極化の因果関係図

出典) 松本 2017: 37 より。

イリサーチなどの数値を用いて相対的に容易に行うことができるのと比較して，中間アクターの台頭による分極化の研究は歴史，アクター活動の詳細な記述，事例研究などをつうじて行う必要があり，その意味で先行研究が多くない。また，議会の分極化に力点がおかれ，図式がやや単純化され過ぎた結果，アドヴォカシー団体と政党活動家が政党内外で政党リーダーと交渉して政党の政策立場を変更するという最初の分極化をめぐる重要な政治プロセスが視界から消えてしまっている。

　したがって，アメリカにおける政治の分極化と2大政党または政党システムとの関係が十分に解明されてはいない。アメリカの大政党がこれまで議員と支持者・活動家のゆるい連合と特徴づけられてきたにもかかわらず，なぜ現在，民主党と共和党の間で政策やイデオロギーをめぐる対立が激化してしまったのであろうか。このような政党の対立は，政党

システムの中でどのように発生してきたのであろうか。また，なぜ民主党に女性勢力が浸透して大きな力をもつことができ，また，なぜ共和党にキリスト教右派勢力が浸透して大きな力をもつことができたのであろうか。そして，その結果，なぜ民主党と共和党の対立色は強まり，政治の分極化と称される状況がつくり出されたのであろうか。これまでの研究は，これらの疑問に十分な解答を与えてはいないのである。

こうした疑問を解明し，政党システムと政治の分極化の関係を正しく理解する鍵は，アメリカの政党システム研究の発展——アメリカ政党システムの変化とその仕組みがどのような概念のもとに，どのような用語で，どのように研究されてきたのか——を正確に把握し，その中に現在の分極化現象を位置づけることにより獲得することができるであろう。それは，一言でいうと，社会運動の視点を政党システムの研究の中に取り込み，これまでの政党システム研究と政治の分極化の分析を結びつけることである。

具体的に説明すると以下のようになる。アメリカにおける政党政治の歴史は古く，建国直後の1790年代末に連邦派と民主共和派という最初の2党が誕生して以来，2大政党が連邦レベルでほぼ継続的に競争し，これまで少なくとも5つの政党システムが誕生したという点で，研究者の間でも一致がある。そして，1950年代以降，これらの政党システムの変化は，選挙民の中の政党システムの再編成 (realignment of party system in the electorate)——再編成選挙または臨界選挙[3]と称される特定の大統領選挙で，2大政党の間で選挙民の大幅な組み替えが行われ，新しい政策争点をめぐりそれまでと異なる支持者連合から構成される2党が競争を始める——として理論化されてきた。

しかし，この理論が予測するような再編成選挙は1960年代末に起こらなかった。そして，多くの修正が加えられたものの，結局，この理論は現状を十分に説明することができなかった。また，再編成理論にしたがうと，再編成期の一時的混乱の中で議員間のイデオロギー対立が高ま

ることがあるとしても，安定期が訪れるとその対立は沈静化するのであり，現在のように何年も続くことはない——もし政治の分極化の起源を1990年代中頃に求めるなら，すでに議員間のイデオロギー対立は30年以上続いていることになり，もし政治の分極化の起源を2000年代初頭に求めるなら，その対立は20年以上続いていることになる。それにもかかわらず，再編成理論は政党システム研究者の間でなお影響力をもっている。

　再編成理論による分析の行き詰まりを打開し，アメリカの政党システムと政治の分極化の関係に新しい光を投げかけるのが，社会運動の視点である。1990年代以降，アメリカにおいて多様な社会運動が活性化し，また活動領域が多方面に拡大した結果，政治学において社会運動への関心が高まった。たとえば，マイヤー (David S. Meyer) とタロウ (Sidney Tarrow) は，アメリカに「運動社会 (movement society)」が到来したことを宣言し，その特徴として，政治生活における抗議運動の永続的要素化，政治主張を代表するための抗議行動の利用，論争的な主張の伝達手段である社会運動の政治手段化の3点を挙げた。その結果，社会運動と政党の関係にも変化が起こり，「政党の部分的運動化 (partial movementalization of parties)」が起こったと指摘する (Meyer and Tarrow 1998: 4, 6-7)。

　この理論を政党システムの変化の研究に応用すると，政党システムの変化の起源を社会運動に求めることができる。社会・政治改革を求める運動が大政党に接近し，それらに政策転換を迫る。さらに進んでその過程で同盟が形成されると，運動が大政党の内部に取り込まれ，今度はその運動が大政党の利益連合の主要メンバーとして大政党の動きを決定づける。重要なのは，同盟の帰結である。大政党と同盟を形成すると，運動は政策の現状維持を志向し，大政党が新しい利益・要求に柔軟に対応することに抵抗するであろう。その結果，再編成理論が想定するような，新しい争点をめぐり2大政党の間で選挙民の大幅な組み替えが行われるといった変化が起こる可能性は低くなるであろう。言い方を換えると，

運動と同盟することにより大政党の政策優先順位が固定され，大政党が新しい利益・要求に柔軟に対応することが妨げられる。もし2大政党の両方でこのように政策優先順位が固定化されると，政党システムの硬直化が避けられないものとなる。

さらに，アメリカ政党システムと政治の分極化の関係を正しく理解するためには，政党システムの構造変化についてだけでなく，現在の民主国における政治対立の構造と様相についても考える必要がある。周知のごとく，アメリカは団体の国であり，歴史的に多様な団体が多様な要求を政治過程に表出し，アメリカが「運動社会」に到達して以来，さらに多様な運動が多様な要求を政治過程に表出するようになった。ここで問わなければならないのは，現在表出されている要求は過去に表出された要求と質・量において同様なのか否か，そして，アメリカの2党システムはこのような多様な利益を処理することができるのか否かという疑問である。

この点で，ダルトン (Russell J. Dalton) の研究は有用である，彼は，西欧民主諸国を中心とした政治の再編成を分析した『政治の再編成：経済，文化，選挙変化』(2018年) の中で，数度にわたる大規模な世論調査と選挙研究 (アメリカも含む) を組み合わせて，現在の西欧先進諸国における政治対立が経済亀裂と文化亀裂の2次元から構成され，比例代表制を採用する西欧諸国では，既成の大政党が経済亀裂を反映し，新しく結成された小政党が文化亀裂を反映する傾向があることを明らかにした (Dalton 2018)。これは，現代の政治の分極化をよりよく理解するためには，あらためてアメリカにおける文化亀裂の発生とその展開に目を向ける必要があることを示唆している。

本書の構成は次のとおりである。

第2章「アメリカ政党の特質と政党システムの発展」では，1) アメリカにおける2党システムの継続性と2党システムが定着・確立した要因，2) アメリカの大政党の特質，3) 政党研究と政党システム変化の視点の

出現，4) 研究者の間での政党システム変化への関心の高さなどに焦点を合わせつつ，アメリカの政党研究において政党システムの変化がいかに重要な研究テーマであったのかが説明され，合わせて本書の研究に必要な概念や前提となる情報が提供される。

第3章「選挙結果に基づく政党システム変化の研究」では，1) 選挙民の中の政党システムの再編成理論の形成過程のその内容，2) 再編成理論の批判と現状説明，3) 1990年代に再編成理論に再び関心が集まった理由，4) 再編成理論の現在までの評価に焦点を合わせつつ，アメリカにおける政党システム変化の研究がこれまでいかに再編成理論を中心に行われてきたのか，そして，いかに多くの研究者がこの理論に引きつけられ，新しい視点での研究の展開が妨げられてきたのかが明らかにされる。

第4章「運動を起源とする政党システム変化の研究」では，1) 政党運動関係に関する従来の研究，2) 政党運動関係に関する最近の研究，3) 運動を起源とみなす政党システム変化の研究，4) 運動政党関係分析の重要性に焦点を合わせつつ，従来の政党システムの変化の研究と社会運動の視点を組み合わせると，歴史的に形成されたとみなされている6政党システムについて新しい類型論が構想されることが分かる。そこでは，変化の原動力，運動政党関係，動員ネットワークの有無，2党システムの制度化の程度，大政党による選挙運動資源のコントロールの程度を比較項目とした政党システムの構造的特徴が明らかにされる。

第5章「硬直化した政党システムと文化対立」では，新しい政党システムの構造的特徴を念頭におき，1) ダルトンの「2次元対立」概念とアメリカ政治，2) 1970年代の女性運動と大政党，3) 1990年代以降の変化に焦点を合わせつつ，アメリカの文化亀裂を象徴するフェミニスト運動がどのように台頭し，それが大政党にどのような影響を及ぼしたのか，それに対抗する反フェミニスト運動がどのように台頭し，それが大政党にどのような影響を及ぼしたのかが検討される。そして，大政党がこれら

の対立する運動に対応する過程で，膠着状態が生み出され，それが以降の一層の政党対立の基礎になっていることが明らかにされる。

　第6章「結論」では，4章にわたる考察の結果が要約され，政治の分極化を抑え，さらに克服する方法が考察される。

注

1　政党投票は，民主・共和2大政党の多数派がどの程度異なる投票行動をとったのかを示す指標であり，政党統一スコアは，各議員がどの程度所属政党内の多数派と同じ投票行動をとったかを示す指標である（松本 2017: 24-25）。

2　同書の中で，ポールソン（Arthur C. Paulson）は，アメリカの大政党が「アンブレラ政党」から「分極化された政党」に変わったことを指摘しているものの，その変化は政党システムの再編成過程をつうじて起こったとしている（Paulson 2015: 71-93）。また，ポンパー（Gerald M. Pomper）とウェイナー（Marc D. Weiner）は，「現代の不満の深刻で厄介な原因は，アメリカの政治制度の根本的変化である」（Pomper and Weiner 2015: 129）と述べている。

3　アメリカでは再編制を引き起こす選挙は critical election と呼ばれ，日本語ではこれまでこの用語は「決定的選挙」と訳されることが多かった。しかし，本書の第3章でも論じるように，再編成理論では，この選挙を契機にある競争（均衡）状態が別の競争（均衡）状態に変質することを想定するので，本書では，critical election を「臨界選挙」と訳すことにする。

第2章
アメリカ政党の特質と政党システムの発展

1. 2党システムの継続とそれを定着・確立させた要因

　アメリカにおいては，建国直後の1790年代に連邦派(Federalist)と民主共和派(Democratic Republican)という最初の2党が誕生して以来，2大政党が連邦レベルでほぼ継続的に競争し，連邦公職を事実上独占してきた。1828年に民主共和派議員の間から民主党(Democrat)が組織され，また1854年に結成された共和党(Republican)が1860年に最初の大統領を当選させ，民主党対共和党という2党競争のパターンが確立されて以降，2020年に至るまでの40回の大統領選挙において，いずれか一方の大政党が勝利を収めた。この間，大統領選挙の一般投票において両党以外の政党（または独立候補者）が全体の得票の10％以上を獲得したのは，1912年および1924年の革新党(Progressive Party，それぞれ27.4％，16.6％)，1968年のアメリカ独立党(American Independent, 13.5％)，1992年のペロー(18.9％)だけであった(吉野 1995: 35)。

　2党システムの継続は，連邦議会議員の所属をみても明らかである。連邦議会議員のほとんどすべては民主党または共和党のいずれかの大政党に所属し，各院で多数党となった大政党が議事運営の責任を担った。上院で議員選出が公選になった1920年以降，大政党以外の議員数がもっとも多かったのは，第75議会(1936年選出)の4名，第76議会(1938年選出)の4名であった。下院では，1860年以降，大政党以外の議員数が10名を越えていたのは，第46議会(1878年選出)の14名，第47議会(1880

年選出）の11名，第52議会（1890年選出）の14名，第55議会（1896年選出）の16名，第63議会（1912年選出）の18名，第74議会（1934年選出）の10名，第75議会（1936年選出）の13名であった。（これら大政党以外の議員数が多かった議会は，政党システムの再編成期にあたる。）1946年以降，両党以外の議員数が各院で2名を越えたことはなく（Stanley and Niemi 2015: 27-31），上院では2022年の中間選挙後，1名増えて3名が無党派となった。

2党システムの継続は，連邦議会議員選挙における得票率からも明らかである。たとえば，1896年から1970年までの連邦下院議員選挙における全候補者のうちの2大政党候補者の得票率を3期に分けて考えると，1896年から1908年までの平均得票率は94.4％であり，革新党議員が立候補した1912年および1914年の場合，得票率はそれぞれ79.4％，85.7％に低下した。その後，改革気運が沈静化すると，1916年から1944年までは平均得票率は96.3％に上昇し，さらに，1946年から1970年までの平均得票率は98.9％であった（U. S. Census Bureau 1975: 1084）。

建国直後の政党競争が2党によって始まったという歴史的事実があるとはいえ，それ以降，なぜアメリカにおいて2党システムが定着し確立したのであろうか。2党システムの定着と確立に大きな影響をもっていた要因は，次の一連の制度である。

第1は，主要な競争者を1名に絞る選挙制度である。連邦レベルをみる限り，選挙制度には共通点があり，それは最終的に選挙の競争者を1名に絞ることにある。大統領選挙では，現在，50州中49州において各州に割り当てられた選挙人票は「勝者独占方式」で候補者に配分され，過半数を獲得した候補者が大統領に選出される。連邦下院議員選挙では，小選挙区制により相対多数の票を獲得した候補者が議員に選出され，連邦上院議員選挙では，いわば「全州1区制」によりやはり相対多数の票を獲得した候補者が議員に選出される。この制度が上位2党に有利に作用することはよく知られている。

もっとも，1820年代から1840年代にかけて，たとえばコネチカット，

ジョージア，ニュージャージー，ニューハンプシャー，ニューヨーク，ペンシルベニアのように全州1区で複数の下院議員を選出していた州が存在した (Congressional Quarterly's Guide to U. S. Elections 1994: 916, 944-988)。したがって，連邦下院議員が小選挙区制で選出されるという慣行が全州に行き渡り，それが効果を示し始めたのは，州法に規定されたオーストラリア型投票用紙 (Australian Ballot) と予備選挙制度が採用された後と考えるのが正確であろう。

第2は，革新主義時代の改革運動の中で採用された，候補者氏名が印刷されている投票用紙に印をつけて投票するオーストラリア型投票用紙である (Epstein 1986: 162-167)。アメリカでは，すでに1840から1850年代に，ほとんどすべての州で投票に政党が準備した用紙が用いられていた。各党の投票用紙の色，大きさ，形が異なっていたので，投票の秘密は確保されず不正腐敗が横行した。そこで1888年に，マサチューセッツ州ではじめてオーストラリア型投票用紙が採用された。これは州があらかじめ候補者氏名を記載した投票用紙を印刷し，地方選挙管理委員会が投票所でそれを配布する制度であり，アメリカの場合，選挙で選ばれる公職の種類が多かったので，投票用紙には候補者氏名に加えて政党名や党章も記載されることになった。1892年になると同投票用紙を採用する州の数は32に達した。

さて，選挙の投票用紙に候補者の所属政党名を記載するために，州政府は何をもって政党とみなすかの基準を必要とした。そこで州法において前回選挙で一定の投票率 (1～10％) を獲得した組織が政党と定義された。継続的に一定の投票率を獲得する政党は2大政党しかなかったので，ここに各州の2大政党に，申請手続きだけで同党の候補者氏名があらかじめ投票用紙に印刷されるという特権が与えられることになった。1896年には，州法で政党を定義し規制する州が47に増加した (吉野1992: 288)。

第3は，やはり革新主義時代の改革運動の中で採用された予備選挙である。アメリカでは1860年代後半より，政党ボスや政党マシーンと称

される強力な選挙区組織に対する批判が高まり，それらを選挙過程から排除する方法が模索された。まず1868年にペンシルベニア州のクロフォード郡で政党候補者の直接指名制度が採用され，1871年には同州のランカスター郡で最初の直接予備選挙法が制定(選択制)された。1880年代に西部および南部の1部の州と多くの郡で，政党規則による直接予備選挙制が採用された。最終的には革新主義運動の中で，1903年にウィスコンシン州で，州公職全体を対象とする最初の予備選挙法が制定された。翌年，2州で選択型予備選挙法が制定され，1907年と1909年には13州で強制型予備選挙法が制定され，1917年には48州のうち44州で予備選挙法が制定された(吉野1992: 289)。

州が管理運営する予備選挙にどのような組織が参加するかは，やはり州法によって規定された。1926年および1927年の調査によると，予備選挙法を制定していた44州のうち，36州が前回の選挙で一定の投票率(1～30%)または一定の得票数を獲得した政党を「政党」「大政党」または「有資格政党」と定義し，それらの政党に予備選挙で候補者を指名することを義務づけた(吉野1992: 290)。ここに各州の2大政党に，連邦公職選挙のある年の春から夏にかけて，州が管理運営する予備選挙で，11月の本選挙の候補者を選出するという特権が与えられた。なお，予備選挙制は大統領候補者選びにも採用された。1970年代以降，候補者指名過程の民主化を求める改革の中で，大統領予備選挙を採用する州の数が増加している。

第4は，連邦選挙運動法の連邦資金の補助制度である。1974年法およびその後の改正で，大政党の候補者に有利な規定が設けられた。大政党の大統領予備選挙で候補者指名を求めて競争する候補者は，20州のそれぞれで250ドル以下の小口寄付で5,000ドル以上を調達すると，それと同額の補助を受けることができる(matching fund program)。(ただし，候補者は公的補助を選挙経費だけに使用し，支出制限を守らなければならない。)また，本選挙では大政党の候補者に選挙補助金が配付され，2020年大

統領選挙の場合，補助金総額が1億370万ドルであった（Federal Election Commission）。ただし，この補助を受けると，大統領候補者は私的寄付を受けることはできず，また，選挙支出を補助額内に収めなければならない。したがって，最近では補助を受けない候補者もいる。

　大政党の候補者の場合と異なり，小政党と新党の場合は以下のように規定されている。小政党は，前回の大統領選挙の一般投票で5～25％を獲得した政党と定義され，その大統領候補者への補助は，前回選挙における大政党候補者の一般投票の平均得票に対する当該政党候補者の一般投票の比率に基づいて配分される。新党の場合，大統領選挙の一般投票で5％の票を獲得した場合，選挙後に部分的な公的助成を受けることができる（Federal Election Commission）。いずれにせよ，公的補助は大政党に有利であることが明らかである。

　ところで，上記の制度要因以外にも，アメリカにおいて2党システムの形成を促進した要因が挙げられている。ソーラウフ（Frank J. Sorauf）によると，それらはアメリカにおける対立の二元性（dualism），妥協受容型文化，社会コンセンサスの存在である。

　第1の対立の二元性は，アメリカ社会の利益の二元性が2党システムを維持してきたという考えである。これが意味するのは，東部の金融・商業利益と西部の開拓者の間の建国当初の社会的緊張が最初の2党システムを生み出し，その後この二元的対立が，南北戦争とそれに続く南北対立，現在の都市と農村の対立，社会経済的地位をめぐる対立へと変化してきたということである。第2の妥協受容型文化は，2党システムの原因を，妥協の必要性，短期的な実用主義（pragmatism）の英知，基底的な教条主義の回避を受け入れる政治文化に求める説明である。第3の社会コンセンサスは，アメリカ国民は，支配的な文化・経済・政治制度，憲法と統治機構，自由経済を受け入れ，社会・文化的遺産が多様であるにもかかわらず，基本原理に関してはコンセンサスが存在するという考え方である（Sorauf 1988: 45-46）。

これらの制度以外の要因の存在は重要であり，これらがあったがゆえにアメリカでは2党システムがうまく機能してきたのは事実であろう。しかし，これらは直接的に2党システムを形成した要因ではない。まず，建国当初の東部と西部の対立を背景に，当時西欧民主諸国で一般的に採用されていた小選挙区制がアメリカの各州で採用され，それが社会コンセンサスの存在のもとでうまく作動した。次に，その過程で定着した2党システムが，その後の州法に規定されたオーストラリア型投票用紙と予備選挙制の採用によりより強固なものとして制度化されたと考えるのが妥当であろう。

2．アメリカの大政党の特質

　これらの制度と要因により2党システムが定着・確立したとしても，アメリカにおいては大政党による政策の審議や決定が凝集的に行われてきたわけではない。むしろ，権力分離制と連邦制に由来する政党機構の分権性，議会内の政党規律の低さ，党員概念のゆるさなどの特質により，アメリカの大政党は多数のアクターが参加する「ゆるやかな政治空間」を形成していた。

　アメリカの大政党の第1の特質は，政党構造の分権性である。まず，日本やイギリスの政党構造は基本的に中央集権的であるのと異なり，アメリカの大政党には党首にあたる最高政党指導者は存在しない。一般に政党リーダーのようにみえる大統領は行政部の長であり，全国政党委員長（National Party Chair）は大統領選挙運動の本部長に過ぎない。また，連邦議会の各院には下院議長，院内総務などの議会の政党リーダー（多数党リーダーと少数党リーダー）がおり，これらのリーダーは政策方針をめぐって衝突することもある。

　次に，アメリカの大政党には全政党を拘束する決定を下す中央政党機関は存在しない。全国政党委員会（National Party Committee）と全国党大

会 (National Party Convention) が全国規模で組織化される政党機関であるとはいえ，前者は，大統領候補者の指名ルールを決定する各州の代表 (州政党委員長および全国委員) から構成され，後者は，4年に1度数日にわたり開催され，正副大統領候補を指名し政策綱領を採択する代議員の大会に過ぎない。1970年代より民主党全国機関は党大会代議員選出に関する全国規則を州政党に適用し，また1980年代より両党の全国委員会本部は資金およびその他の援助をつうじて州政党を梃子入れしているものの，アメリカの大政党の分権的組織構造自体は変わっていない (吉野 1995: 36-37)。

アメリカの政党システムがこのような分権的構造である結果，連邦議会は政策をめぐり大統領，連邦下院多数党 (と少数党)，連邦上院多数党 (と少数党) が攻防を繰り返す場となる。大統領は一般教書演説または予算教書演説で政権としての政策方針を明らかにするものの，大統領や省官僚が直接的に法案を提出することはできない。法案は，多数党の場合であれ少数党の場合であれ，大統領が所属する政党の議員によって議会に提出されなければならない。大統領の政党と連邦下院多数党，連邦上院多数党が同一である「統一政府 (united government)」の場合，確かに3者の政策選好には共通性が多く，調整は容易である。しかし，この場合でも，各院から提出される法案が大統領の提案と同一とは限らない。さらに，ここに大統領選挙および連邦議会議員選挙で大政党を支持した様々な団体の要求が加わることになる。したがって，統一政府のもとであっても，政策形成は多くのアクターが参加して交渉する複雑なプロセスとなる。

他方，大統領の政党と連邦下院多数党，連邦上院多数党が異なる「分割政府」の場合，たとえば民主党大統領と連邦下院多数党の共和党指導部の間で，あるいは共和党大統領と連邦下院多数党の民主党の間で，政策調整が必要になる。両者の間で妥協が成立する場合，政策の決定が可能となる。しかし，両者が妥協しない場合，政策調整が不可能となり，「決

定できない政治」が生ずることになる。

　アメリカの大政党の第 2 の特質は，議会内の政党規律の低さである。アメリカの連邦議会においては，選挙が終わり新しい議会会期が始まるとき，各院で政党所属議員の総会が開催され，そこで総務，幹事などの院内の党役職者が選出され，また政策委員会，運営委員会，選挙運動委員会などの院内の政党機関が組織される。しかし，下院議長や常任委員長の選出などの採決を除いて，議会政党の指導部は一般法案に関する所属議員の投票を拘束しない。したがって，これまで政党所属議員の投票の団結度は相対的に低かった。たとえば，1954 年から 1992 年までの 39 年間の各年度の全投票のうち，民主党の過半数の議員が賛成し，共和党の過半数の議員が反対した（あるいはその逆の）投票は，連邦下院で平均 45％，連邦上院で同 43％にすぎなかった。

　議会政党指導部が所属議員の投票を拘束するのを難しくしている要因として，以下のものがある。まず，アメリカでは大統領と連邦議会議員が別個に選挙・組織化されるので，議院内閣制のもとでの議会政党のように内閣を支持するために多数派を維持する必要がない。次に，予備選挙で勝利した候補者が当該選挙区の正規の政党候補者になるため，候補者は公認をめぐり政党に恩義を感じることはない。とくに 1970 年以降，政治家個人がコンサルタントを雇用し，世論調査を行う「候補者中心政治 (candidate-centered politics)」が出現して以降，候補者と連邦議員の脱政党化が進んでいる。議員の力の基盤は選挙区との強固なつながりにあり，そこで再選を重ねることが委員会内で席次の上昇につながるので，政党指導部の方針に忠実にしたがおうという動機をもっていない。したがって，議員個人が自身や選挙区・支持団体の意思に反して議会政党指導部の意向にしたがうのは，議会指導部が大統領支持法案を成立させるため多数派形成を試み，強い圧力が加えられ，票の取引が行われた場合に限られることになる（吉野 1995: 38-39）。

　アメリカの大政党の第 3 の特質は，「党員」概念のゆるさである。ア

メリカには，西欧民主諸国でみられるような党員章をもち党費を支払う「党員 party member」は存在しない。また，州予備選挙への参加規定も厳格ではなく，一様ではない。閉鎖型予備選挙を採用している州では，有権者登録時の政党加入の届け出が「党員」となるための要件であるものの，開放型予備選挙を採用している州では，そのような要件は存在しない。むしろ，アメリカでは政党支持者と「党員」の区別が曖昧であり，有権者が個人として政党帰属意識(party identification)をもつことが，「党員」となるための実質的な資格である。有権者がその党への帰属意識をもち，その党の支持者であると宣言すれば，一般に「党員」とみなされる(吉野 1995: 39)。したがって，有権者登録制度がある州では，政党加入の届け出をした者が，また有権者登録制度がない州では，政党支持態度の表明や政党忠誠の宣誓をした者が，予備選挙で投票する資格をもつ。

　他方，予備選挙に立候補しようとする者は，政党加入の届け出，政党支持態度の表明や政党忠誠の宣誓に加えて，州法が義務づける署名請願による立候補手続きをする必要がある。義務づけられた署名数は数千票から数万票，有権者数の数％まで多様である(Maisel 1999: 195)。これらは立候補するための要件であり，これらを満たしさえすれば，政策選好その他の理由により特定政治家を予備選挙から排除することはできなくなる。また，大統領候補者の指名を受けるための予備選挙に立候補する場合，候補者は州選挙管理委員会または州務長官に書面または署名を添えて請願する。州ごとに手続きは異なっており，たとえば2016年の場合，州務長官による承認もしくは請願が13州，請願が8州，請願もしくは出願料が4州，請願と出願料が3州，出願料が3州，政党役員による承認が2州，請願もしくは他の2州における立候補の証明が1州，候補者による立候補意志の表明が1州，政党によって異なるが2州であった(Davis 1980: 56-63; Busch 2020: 29)。

　このような「党員」概念のゆるさが，異質な候補者を排除することができない理由である。誰であれ，予備選挙で当選すると，その当選者が

公式の候補者とみなされ，政党は多様な資源をそこに投入せざるをえなくなる。

　それでは，政党機構の分権性，議会内の政党規律の低さ，党員概念のゆるさなどにより多数のアクターが参加する「ゆるやかな政治空間」の中で，何が連邦議会議員を政党集団として統一的に行動させるのであろうか。まず明らかなのは，アメリカでは真剣に政治家になろうと考える者は，連邦レベルにおいてであれ州レベルにおいてであれ，いずれかの大政党を選び，その予備選挙に参加し，そこで勝利して本選挙候補者の指名を受けなければならない。したがって，同一政党に所属する政治公職者と候補者は，潜在的に最低限の共通する政策選好態度をもつことが想定される。かつては政党所属が同一であれば，政策選好も同一であり，投票行動が同一になるのは当然と考えられてきたものの，最近の研究では，その仕組みが解明されつつある。

　たとえば，キングダン (John H. Kingdon) は連邦議会ではどのように投票が決定されるのかを調査するため，420名の議員に15法案に関して，まず「どのように決定したのか」を尋ね，具体的な回答がなかった場合，続けて，同僚議員，政党指導部，スタッフ，選挙区，政権，団体，読書を挙げて「どのアクターから影響を受けたのか」を尋ねた。その結果，自発的に言及した場合であれアクターを挙げた場合であれ，同僚議員，選挙区の順に言及頻度が多く，またアクター＝投票一致度においても同僚議員，選挙区の順でスコアが高かった (Kingdon 1989: 17-20, 299-325)。これが意味するのは，連邦議会議員は同僚議員と意見や情報の交換をすることが多く，当然，その同僚議員に多くの同一政党所属議員が含まれるということである。したがって，同一政党所属議員の間では，このような意見や情報の交換をつうじて投票一致度が高くなるのは当然のこととみなされる。

　他方，連邦議会の政党指導部が議員の投票を動かそうと試みる場合もないわけではない。これまで連邦議会の各院では，多数党の院内幹

事，少数党の院内幹事がそれぞれ党内の議員を説得し，また，もし大統領であれば世論の喚起をつうじて，特定法案への支持を動員しようとした。さらに，たとえば1977年から1992年のように，民主党下院指導部が立法過程に積極的に介入し，1995年のように，共和党下院指導部が活性化したこともある。ローデ (David W. Rohde) とオールドリッチ (John H. Aldrich) は議会内の多数党指導部のこのような取り組みを，「条件つき政党政治」と名づけ，指導部は，所属議員の間に政策コンセンサスがある場合，アジェンダコントロールをつうじて立法過程に影響力を行使することができると説明した。多数党指導部が立法過程に介入し，また活性化した理由には，指導部のリーダーシップ発揮の必要性，「アメリカとの契約」の実行の必要性，積極的議長の登場など多様なものが含まれるものの，同時に起こっていたのは，両党の所属議員の（イデオロギー的）同質性の増大であった（吉野 2000: 133-34, 137, 141, 144）。いずれにせよ，この事例は，ある条件が揃えば大政党の所属議員は議会投票でまとまることもあるということを示している。

　さて，これまで述べてきたように，アメリカの大政党は多数のアクターが参加する「ゆるやかな政治空間」を形成し，同一政党に所属する政治家とその候補者は潜在的に最低限の共通する政策選好態度をもち，必要に応じて統一的な活動を行うことが想定される。しかし，実際には，議員の政党加入または党派的態度，その他の支持動員手段が有効に作動せず，長期的な党内対立が発生したこともあった。

　まずセクショナリズムに由来する長期的な党内対立の事例として，南部選出民主党議員が保守派共和党議員と保守連合 (conservative coalition) を組んだことが挙げられる。

　大恐慌の混乱が続くアメリカでは，1932年選挙で民主党のローズヴェルト (Franklin Delano Roosevelt) が大統領に選出され，彼はいわゆるニューディール政策をつうじて経済危機と社会混乱を乗り切ろうとした。しかし，内容が過激であったことから民主党議員の間でも同政策への反対意

見が根強く，連邦最高裁判所も一部の立法を違憲と判断した。ローズヴェルト大統領が再選後の1937年に違憲判断を覆すため連邦最高裁判所判事を増員する法案を提出したとき，民主党内での政権への不満が高まり，さらに経済不況に対する政権の対応にも批判が集中した。同年12月には民主党上院議員ベイリー（Josiah Bailey, ノースカロライナ州選出）が，均衡予算，州権，労組関係の強制廃止などを骨子とする保守マニュフェストを発表した（Kickler）。こうして民主党内では南部選出議員を中心に保守派ブロックが形成され始め，1938年連邦議会議員選挙で共和党が議席を増やすと，南部選出民主党議員と保守派共和党議員がともに，民主党指導部が支持する主要な経済法案に反対する頻度が増大した。

　保守連合の目的は，パターソン（James Patterson）によると，「連邦権限と官僚主義の拡大に反対し，赤字財政支出を否定し，企業労働組合に反対し，大半の福祉プログラムを酷評することで一致した。連合参加者は1933年以前に存在していたと信じるアメリカを守ろう」（Patterson 1967:vii-viii）とすることにあった。保守連合は非公式の連合であり，民主党側では，コックス下院議員（E. E. Cox, ジョージア州選出），スミス下院議員（Howard W. Smith, バージニア州選出），バード上院議員（Harry Bird, バージニア州選出），グラス上院議員（Carter Glass, バージニア州選出），ラッセル上院議員（Richard Russell, ジョージア州選出），ヴィンソン下院議員（Carl Vinson, ジョージア州選出）ら（Patterson 1967: 17-31）有力議員が大きな権限をもち，共和党側ではタフト上院議員（Robert Taft, オハイオ州選出）が彼らに対応した（Reichley 1992: 278）。また，投票は政策選好に基づくものであり，票の取りまとめのような工作はなされなかった。ローズヴェルト政権の2期目から，同連合は教育，福祉，公営住宅，移民，税制，公民権，公共事業にも反対した。さらに，点呼投票の結果をみると，同連合は，労働組合を強化・支援し，社会福祉のプログラムと支出を増大させ，公民権を拡大する法案の成立を積極的に阻止することを意図した「投票同盟」であった（Brady and Bullock 1981: 195, 196）。

保守連合の効果は大きかった。連邦議会において保守連合は「1939年から1958年末までそれが反対するあらゆる立法を阻止する力をもち」(Reichley 1992: 276)，民主党は多数党であったにもかかわらず，多くのリベラル法案を制定することができなかった。その結果，民主党内では，同連合に対抗しリベラル政策を推進するために，1958年に民主党研究グループ (Democratic Study Group) が創設された。また，ニクソン政権は保守連合に依存しながら，保守的な政策を実行した。1994年選挙で共和党が連邦下院多数党となった後，一部の民主党保守派議員は共和党に移り，保守連合は消滅した。

次に外部勢力の浸透に由来する党内対立の事例として，ティーパーティ運動から支援を受けた共和党議員が共和党をどのように変えたのかについて検討しよう。

アメリカにおいては，オバマ政権によるリーマンショック後の自動車産業や金融機関の救済に反対し，景気刺激策やオバマケアに代表される「大きな政府」路線に抗議するため，2009年にティーパーティ運動と称する保守派の運動が起こった。同運動は，オバマ大統領の就任の直後に始まったことから反オバマ運動としての右派の側面をもち，メディアと国民の関心を集めた。2010年の中間選挙で，共和党は上院では議席を41から47に，下院では議席を178から242に増やし，同運動は共和党躍進の大きな原動力となった。

ティーパーティ運動は地域ごとの自発的な運動であり，中央組織にあたるものもなく，運動の仕方も議員への支援も多様であった。ガーヴァイス (Bryan T. Gervais) とモリス (Irwin L. Morris) は，複数の指標を用いて同運動から支援を受けた議員を4タイプに分類し，共和党下院議員とティーパーティ運動の距離を測定した。第112議会 (2010年選出) では共和党下院議員の60%が，第113議会 (2012年選出) では共和党下院議員の36%がティーパーティ議員と定義され，ティーパーティと結びつきの強い議員の特徴は，財政的に保守志向，立法活動において不活発，若手平

議員であった (Gervais and Morris 2018: 46, 245-246)。

　著者によると，政権復帰の方法を模索し成功したにもかかわらず，共和党は，勝利と引き替えに同党の進路のコントロール，統一性，党内での影響力を失うという犠牲を払うことになった。2010年の中間選挙を前にティーパーティ流の議員を刺激し補充したのは，下院共和党指導部（カンター，ライアン，マッカーシー）であった。ティーパーティ運動は始まったばかりであり，また国民一般からも大きな支持をえていたものの，それはオバマとワシントンに対する今にも爆発しそうなポピュリスト的怒りを爆発させる選択であった。それは共和党を乗っ取ろうとするポピュリスト，人種ナショナリストの波であった (Gervais and Morris 2018: 248)。

　これらの事例は，民主党であれ共和党であれ，たとえ選挙で上院または下院の多数派を獲得したとしても，アメリカの大政党は，内部にセクショナリズムに基づく対立が存在する場合，多数派として自身が信奉する政策を積極的に実行することはできず，また，選挙において外部の政治勢力の力に依存した場合，党のアイデンティティを失うことを示唆している。

　このようなアメリカの2大政党と政党システムを念頭におくと，アメリカのデモクラシーは「選挙デモクラシー」とみなされ，連邦レベルで次のような特徴をもつ。

1) 選挙民は，2大政党システムの枠組みの中で大統領，連邦下院議員，連邦上院議員を選出し，公職者は2大政党システムの枠組みの中でキャリアの上昇を図る。
2) 当選後，大統領，連邦下院議員，連邦上院議員は政策選好・政党所属に基づいて多数派を形成しようとし，それでも数が足りない場合，大統領，連邦下院または連邦上院の多数党指導部が特定議員と交渉し，多様な方法をつうじて説得を行う。
3) 交渉に基づく多数派形成が選挙後につねに静態的に行われるわけではなく，政治経済状況や特定大統領の当選がダイナミックな政治

を生み出し，ときには新しい政策争点の発生により政治が活性化され，政策アジェンダが変更されることもある。

このような政党政治を必要かつ可能にしてきたのが，アメリカの厳格な権力分離制と連邦制，そして「2党競争の構造」と利益団体政治に代表される「集団競争の構造」であった（吉野・前嶋 2020: 18）。

3. 政党システムの変化の視点の出現

さて，本書で取り上げる政党システムの変化という視点は，アメリカ政党研究において決して新しいものではない。アメリカにおいて政党はこれまで大統領候補者指名大会，選挙運動，大統領選挙，議会内活動，投票行動など多様な研究領域において，また歴史，理論，統計分析など多様な視点や方法から研究されてきた。そのような多様な視点が併存する中で，政党または政党システムの「発展 (development)」の用語のもとに，1967年に，『アメリカの政党システム：政治発展のステージ』という政党システムの変化に焦点を合わせた最初の著作（論文集）が刊行された。

同書の序文によると，政党はアメリカの政治舞台でこれまで多様な役割を演じており，現在でも多様な役割を演じているものの，その歴史と活動の多くの側面はなお曖昧であり，ここ数十年の間に歴史学者と政治学者の間で，政党の発展と行動に関する関心が収斂しつつある。1966年4月に，ワシントン大学（セントルイス）で，同大の歴史学部と政治学部の共催による「アメリカ政党発展に関する大会 (Conference on American Political Party Development)」が開催され，「アメリカ政党の発展と活動の問題を包括的に説明しようという体系的な努力の中で，本書がはじめて2つの学問を結びつけた」(Chambers and Burnham 1967: vii) のである。

本書の第1章で，編者の1人であるチェンバーズ (William Nisbet Chambers) は，アメリカの政党システムの特質が100年以上変化していないことを指摘した。イギリスその他の西欧諸国において政党が出現する

何十年も前の1790年代に，アメリカにおいて最初の現代政党が出現し，政党政治における最初の実験が行われた。これらの実験は第2次政党システムとしてジャクソン大統領の時代にも続けられ，1840年代に一定の型がつくられた。さらに第3次，第4次，第5次政党システムが出現したものの，それらの形態と構造は南北戦争前の時期のそれらとほとんど差異はなかった。「政党システムにおける政党の相互作用は基本的に変わりがなかった。意味ある第三党が組織化されたにもかかわらず，合衆国はこれまでつねに競争的2党システムに復帰した。最終的に，限定的で重要な例外があるものの，アメリカの政党システムは性格において穏健であり，他の国の政党システムと比較してイデオロギー志向の程度は低かった」(Chambers 1967: 4)。

彼はさらに各政党システムに注目し，政党発展は国民建設，組織形態の確立，派生の3段階に区別することができるとした。政党発展の第1段階(1789-1815)は国民建設であり，社会経済の複雑化，伝統的政治の衰退，連邦政府という舞台の設定，エリートの間での政治手段の必要性の認識といった条件のもとで政党が創設された。政党発展の第2段階(1828-1860)は組織形態の確立であり，大衆動員中心の政党組織形態が定着した。政党発展の第3段階(1865-1967)は派生の時期であり，過去100年以上の期間をつうじて政党と政治発展一般の関係は「刷新から適応と調整に変わってきた」のである(Chambers 1967: 15, 23)。

第2章では，ソーラウフがアメリカ政党を「組織としての政党，公職者の政党，選挙民の中の政党という3部構成(tripartite)組織または構造」とみなし，それを①政治資金の規制，活動誘因の利用可能性，②政党形態・過程の規制，③選挙法，予備選挙，マスメディアなどの政治環境と，競争的組織に取り囲まれた図式を提示した。そして，アメリカにおいては政党が政治や社会に影響力を及ぼす独立変数としてよりは，政治や社会から影響を受ける従属変数として分析される点を強調し，政党は活動しているものの，他の政治組織と競争的であると論じた(Sorauf 1967: 37, 45)。

第10章では，バーナムが政党の将来を悲観的に評価した。過度の単純化を恐れずにいえば，政党に残された唯一の機能は公職補充に限定される。「豊かで企業志向で技術的に複雑なアメリカ，すなわち，国家の政策過程が外部とのコミットメントによってますます支配されるアメリカにおいては，政党にはどのような機能が残されているのであろうかと聞きたくなる。この疑問への答えは明らかではない。明らかであると思われるのは，過去におけるのと同様に将来においても，政党が遂行する機能と政党が担う形態は，より広範な社会・政治システムから現れるニーズによって決定されるのであり，政党自体によってではないということである」(Burnham1967: 307)。

要するに本書は，歴史学者と政治学者がアメリカ政党および政党システムの現状と将来への懸念を表明し，新しい研究の方向を提示したものであったことが分かる。

1950年代および1960年代初頭にかけて，アメリカ政党および2党システムは，アメリカの多元的な勢力を調停し，安定した政治運営を可能にしたとして高く評価されていた。1960年代後半になると，アメリカ社会が大きな変動期を迎え，公民権運動，女性解放運動，学生運動，ベトナム反戦運動が起こり，従来のものの考え方や価値観が疑問視された。こうしたさまざまな社会政治問題に対して，2大政党は意味ある提案や効果的な解決策を提示することができないとみなされ，既成政党は批判され，若者の間で政党離れが進んだ。そこで歴史学者と政治学者が協働し，アメリカの政党発達を詳細に検討し，現在の政党システムの役割と問題状況を的確に理解しようというのが本書の意図であった。

1970年代になると，アメリカ政党を取り巻く状況はさらに深刻化した。政党支持者の減少と政党支持の強度低下に注目して「政党衰退論(party decline thesis)」が提起され，世論調査技術の発達と専門的コンサルタントの増加により候補者中心選挙様式の台頭が指摘された。また，既成政党への批判が高まる中で，2党システムそれ自体の問題点が指摘された。

このような研究の展開を考えると，1967年の歴史学者と政治学者の協働作業にはまさに先見の明があったということができるであろう。

4. 政党研究における政党システムの変化分析の重要性

こうして，アメリカ政党および政党システムの「発展」が注目され，それを研究することの重要性が認識されると，アメリカ政党の基本的研究書にも政党システムの発展過程のことが記述されるようになった。たとえば，ソーラウフは，後に政党の基本的研究書とみなされる『アメリカにおける政党政治』の第2版（1972年）に，『アメリカの政党システム：政治発達のステージ』の第2章で記載された「アメリカ政党を『組織としての政党，公職者の政党，選挙民の中の政党という3部構成組織または構造』とみなす」図式を追加した。さらに彼は，第6版（1988年）の第6章に「政党再編成とアメリカ政党システム」という項目を立てて，以下のように説明した。

　「アメリカ政党システムの約2世紀にわたる時期をつうじて，選挙民の中の政党（parties in the electorate）と定義される投票者の連合が約30～40年ごとに再配置され，その間相対的に安定していたように思われる。もしこの時期全期間の政党一体感を測定するサーベイデータをもっていたなら，変化の短い時期，すなわちいわゆる再編成（realignment）によって区切られる各政党連合のメンバーが長期にわたって安定しているのを発見することができたであろう。……投票の安定と変化のパターンと政党支持に関する最近のサーベイデータから，研究者は合衆国が少なくとも5つの異なる期間の党派政治，言い方を変えると，いわゆる政党システムを経験していると結論してきた」(Sorauf 1988: 161)。

彼は第1次から第5次までの政党システムを次のように説明した後，一覧表（**表2-1**）を掲げた。

1) 第1次政党システム：ワシントン政権時代の連邦派と反連邦派の抗争に起源をもち，ジェファーソン（Thomas Jefferson）を大統領に選んだ1801年選挙によって成立した。アメリカ史においてはじめて，首都のファクションの1つであるジェファーソンを支持する反連邦派が，全国1区でその大統領候補者への支持を組織化した。1801年から，ジェファーソン派（民主共和派）が，20年以上にわたり覇権を確立した。

2) 第2次政党システム：反連邦派の消滅後，優位を維持した1党システムが急速に変化しつつある争点と抗争を抑えることができなかった結果，新しい政党システムが出現した。反連邦派（民主共和派）が，ジャクソン（Andrew Jackson）のもとで反連邦・ポピュリズム志向の西部派とアダムズ（John Quincy Adams）によって代表されるエリート志向の東部派に分裂し，後に西部派は民主党に成長し，東部派はホイッグ党（Whigs）に吸収された。1824年にジャクソンが4人競争の中で大統領に選出されたとき，選挙人票では過半数を獲得できなかったものの，一般投票の結果が重視されたという点では，当時の民主化の気運を反映していた。時間の経過とともに2党競争の慣行が確立され，民主党が多数党となった。統計をみる限り，より特権をもつ階層がホイッグ党を支持し，特権をもたない階層が民主党を支持するという点で，この政党システムは階級に基づく選挙支持関係と特徴づけられた。

3) 第3次政党システム：1854年に奴隷制廃止を訴える共和党が結成され，1856年にホイッグ党に代わって大政党になると，第2次政党システムは終焉を迎えた。南北戦争という激しい抗争の中で第3次政党システムはもっとも明確な連合構造をもち，1870年代に南部白人が選挙に復帰した後，南部は民主党の牙城となり，北部は共

和党勢力の地盤となった。

4) 第4次政党システム：農民の激しい抵抗と1893年の恐慌の中で第3次政党システムが消滅し，〈東部経済〉対〈西部・南部〉という中央-周辺分岐線に沿って第4次政党システムが誕生した。1896年にマッキンリー（William McKinley）がブライアン（William Jennings Bryan）を破り，共和党がアメリカの全国政治に対する覇権を達成した。その長期政権を途絶えさせたのは1912年の党内対立とウィルソン（Woodrow Wilson）であった。

5) 第5次政党システム：1929年の大恐慌と1932年大統領選挙におけるローズヴェルトの当選により，ニューディール政党システムが誕生した。民主党が多数党となり，その大連合は，マイノリティ集団，労働者（とくに労働組合員），下層農民，カソリック教徒，ユダヤ系，黒人，南部から構成された。この政党システムは現在の選挙民の中の政党を形成しているものの，連合の基盤は弱体化している。ニューディール期を「古い時代」とみなす新世代の選挙民が民主党に加わり，労働組合員，カソリック教徒，ユダヤ系の間での民主党支持率は低下し，南部はすでに一律に民主党を支持したかつての「強固な

表2-1 連邦議会と大統領の党派的コントロールの年数：1801～1988年

名称と時期	連邦下院		連邦上院		大統領	
第1次：1801-1828	民主共和派 **26**	反対派 2	民主共和派 **26**	反対派 2	民主共和派 **28**	反対派 0
第2次：1829-1860	民主党 **24**	反対派 8	民主党 **24**	反対派 8	民主党 **24**	反対派 8
第3次：1861-1896	民主党 16	共和党 **20**	民主党 4	共和党 **32**	民主党 8	共和党 **28**
第4次：1897-1932	民主党 10	共和党 **26**	民主党 6	共和党 **30**	民主党 8	共和党 **28**
第5次：1933-1988	民主党 **52**	共和党 4	民主党 **46**	共和党 10	民主党 **32**	共和党 24

出典）Sorauf 1988:163 より。

南部」ではない (Sorauf 1988:162-164)。

　ソーラウフが政党システムの変化を教科書の中でこのように説明したのは，アメリカにおける政党システムの再編成過程が現実を反映したものと考えていたからであろう。彼によると，現在，研究者の間でアメリカの政党システムは脱編成 (dealignment) の時期に入っているのではないかという議論がなされており，この議論にしたがうと，脱編成とは政党システムの最終段階であり，政党システムを確立した選挙抗争が時代遅れとなったことを知らせ，新しい選挙連合が出現する道を開くものである。アメリカの各政党システムは識別しうる連合構造をもっており，その時期の支配的な争点関心事が変質するのに対応して，選挙民を貫く亀裂線が変化する。それゆえ，現代の選挙政治を理解するためには，これらの連合がどのようなものであり，そして，どのようなものになりうるのかを知る必要があると指摘する (Sorauf 1988: 165-167)。

　同章の最後では「第6次政党システムの出現？」という項目が設けられ，新しい政党システムの出現の可能性が多面的に論じられる。ソーラウフは，1984年選挙の直前に共和党支持者を5%増大させたレーガン大統領の重要性を認めつつも，「1980年代の再編成の運命は共和党の掌中にあるものの，1980年代後半から1990年代初頭に魅力的な政党リーダーシップと優れた実績を示さないと，共和党はその機会を完全に利用する可能性は低いであろう。したがって，等しく可能性の高い帰結は，将来においても脱編成が続くことである」と指摘している (Sorauf 1988: 190)。

　さて, 著者がソーラウフからハーシー (Marjorie Randon Hershey) に代わった後，『アメリカにおける政党政治』の第11版 (2005年) の政党システムの一覧表で，第3次政党システムが「連邦下院で共和党が優位の前半部分と民主党が優位の2期」に分割された (Hershey 2005: 120)。同書の第12版 (2007年) の政党システムの一覧表には，第6次政党システムが追加され，それは，第3次政党システムの場合と同様に，競争関係が異なる2期に分割されている (Hershey 2007: 120)。そして，同書の第18版 (2022年)

表 2-2　連邦議会と大統領の党派的コントロールの年数：1801～2020 年

名称と時期	連邦下院		連邦上院		大統領	
第1次：1801-1828	民主共和派 **26**	反対勢力 2	民主共和派 **26**	反対勢力 2	民主共和派 **28**	反対勢力 0
第2次：1829-1860	民主党 **24**	反対勢力 8	民主党 **28**	反対勢力 4	民主党 **24**	反対勢力 8
第3次：	民主党	共和党	共和党	共和党	民主党	共和党
1861-1876	2	**14**	0	**16**	0	**16**
1877-1896	**14**	6	4	**16**	8	**12**
第4次：1897-1932	民主党 10	共和党 **26**	民主党 6	共和党 **30**	民主党 8	共和党 **28**
第5次：1933-1968	民主党 **32**	共和党 4	民主党 **32**	共和党 4	民主党 **28**	共和党 8
第6次：	民主党	共和党	民主党	共和党	民主党	共和党
1969-1980	**12**	0	**12**	0	4	**8**
1981-2020	20	20	17	**23**	16	**24**

出典) Hershey 2021: 146 より。

では，政党システムの一覧表が次のように記載されている (**表 2-2**)。

　ここで注目されるのは，第 6 次政党システムが誕生したか否かについては研究者の間で意見が分かれているにもかかわらず，ハーシーがそれを一覧表に追加している点である。しかし，ハーシーはその一方で，アメリカの大政党の連合的性格の重要性を認めつつも，これまでの政党再編成の概念にはやや否定的な評価を下している。

　　「政党研究者が惜しみなくもっとも注意を集中してきたのが連合変化であった。しかしながら，社会集団と政党の支持関係における変化がとくに好奇心をそそられるのは，それが国民の政治と政策の形成に大きく貢献しているからである。この研究領域の文献の多くにおいては，政党の連合の大きくかつ永続的な変化は，政党再編成と呼ばれてきた。再編成の概念は論争的である。……しかし，長期

にわたる民主党議員および共和党議員への集団支持の注目すべきパターン，そして，これらの編成がつくりだす差異の探求を辞めてはならない」(Hershey 2007: 119)。

　また，彼女は選挙と政党支持をめぐる多くの変化を指摘した後で，「これらの議論に説得力はあるのだろうか」と疑問を提起する。なぜなら，「研究者がこれらの変化を記述するためにRワード(再編成)を使うことを躊躇う理由は多く」，「実際的な観点では，共和党の強さは着実に増加しているものの，民主党は政党支持者の間になお強さをもっており，理論的な意味においては，再編成のアイディアを正確に応用するのは難しい」からである(Hershey 2007: 135-136)。したがって，ハーシーを含め，現在の多くの政党研究者にとって，政党システムとは大政党の競争関係を示す単なる時期区分なのかもしれない。

　次章では，選挙民の中の政党の再編成理論がどのようなものであり，いつ，どのように発達し，どのように理論化されたのかを明らかにする。

第3章
選挙結果に基づく政党システム変化の研究

　アメリカ政治の研究には，選挙民の中での政党システムの再編成説——選挙再編成説ともいう[1]——が存在する。これは，再編成選挙（realignment election）または臨界選挙（critical election）と呼ばれる特殊な選挙，具体的には1800年，1828年，1860年，1896年，1932年の大統領選挙で，2大政党の間で選挙民の大幅な組み替えが行われ，新しい政策争点をめぐりそれまでと異なる支持者連合から構成される2党が競争を始める，という一連の命題からなる。これら再編成の研究と理論の意義は大きく，「これまでアメリカの政治学者によって取り組まれたもっとも創造的で，人を惹きつける，影響力のある学問的企ての1つ」（Mayhew 2002: 1），「政治システムと政府システムの多様な側面を結びつける政治的過去のより包括的な記述」（Clubb, Flanigan, and Zingale 1980: 12）と評されている。

　この説にしたがうと，1960年代は再編成の時期であった。ニューディール政党システムが成立してからすでに30年が経過し，次の再編成がいつ起こるのかが多くの者の関心を集めた。多くの研究者はニューディール連合の衰退を新しい再編成の第1段階とみなし，ベトナム戦争や人種問題が再編成の引金になると予想したものの，大きな変化は続かなかった。1972年の大統領選挙では共和党のニクソンが地滑り的勝利で再選されたものの，連邦議会における民主党の多数党の地位は変わらなかった。このような現実に直面して，研究者の対応は2つに分かれた。一部の研究者は学説に目を向け，それの見直しを試みた。また，一部の研

者は事実に目を向け、政党と選挙民の関係の弱体化に注目し、たとえばバーナム (Walter Dean Burnham) は「政党システムは臨界再編成の可能な点をすでに超えてしまっている」(Burnham 1970: 173) と指摘し、他の研究者は再編成が起こらない現状を「脱編成 (dealignment)」と名づけた。

ところが、1990年代中頃になると大きな変化が押し寄せた。1994年には、1952年選挙以来42年ぶりに連邦下院で共和党が多数派を獲得し、さらに2000年選挙で共和党のブッシュ（子）が大統領に当選し、統一政府が出現した。多くの研究者の間で、選挙民の中での政党システムの再編成についての関心が再び高まり、一部の研究者は再編成が完成した、あるいは、新しい政党システムが成立したと主張し始めた。しかしながら、1970年代以降現在に至るまで、選挙民と政党の関係は相変わらず弱く、候補者中心政治の傾向に大きな変化はない。他方で、当初の再編成説は批判され、多くの変更が加えられている。

本章では、アメリカにおいて、1) 選挙民の中での政党システムの再編成説の原型がいつごろどのように形成されたのか、2) それが1970年代後半以降どのような点から批判され、どのような現状説明が求められたのか、3) 1990年代になぜこの説に再び関心が集まったのか、4) 現在、この説がどのように評価されているのか、に焦点を合わせて、選挙結果に基づく政党システム変化の研究の特質を解明し、その説明力を考察する。

1. 選挙民の中での政党システムの再編成説の内容と形成過程

選挙民の中の政党システムの再編成説は、選挙にかかわる部分と政党システムにかかわる部分から構成される。選挙は、再編成選挙、維持選挙、逸脱選挙、回復選挙などに分類され、政党システムは、たとえば1800年、1828年、1860年、1896年、1932年の再編成によって成立した個別的な政党システムに分類される。そして、アメリカ政治は歴史的に循環する特徴をもち、定期的に現行の政党システムが途絶し、投票と投

票率, 政党強度と機能, 争点と政策アジェンダの新しい識別しうるパターンをもつ別の政党システムが出現する, という再編成過程が想定される（Argersinger and Jeffriesl 1986: 3）。

　ところで, 再編成説は, 一研究者または厳密な理論的前提を共有する少数の研究者によって短期間に構築された凝集的な学説ではない。再編成説は 1950 年代から 1970 年代にかけて多くの研究者によって段階的に形成され, その理論構造は複合的である。その内容は多岐にわたり, メイヒュー（David R. Mayhew）によると, 再編成説は検証しうる 15 公理から構成される（Mayhew 2002: 13-32）。

1) 長期にわたる投票者の政党支持のパターンを検討すると, アメリカの連邦選挙は, 少数の特殊な再編成選挙とそれ以外の多数の非再編成選挙の 2 種類に区別される。
2) 選挙再編成は, 循環性のパターンの中で出現してきた。
3) 緊張が重なる動態が, 約 30 年ごとに再編成サイクルを引き起こす。
4) 政党一体感の強化および弱体化が, 約 30 年ごとの再編成サイクルを引き起こす。
5) 再編成選挙において, 投票者の関心と投票率は著しく高い。
6) 再編成は, 大統領候補者指名党大会における混乱によって特徴づけられる。
7) 第三党の支持率の高さが再編成を促進する傾向があり, あるいは少なくとも再編成の直前に起こる可能性がある。
8) 再編成選挙において, 利益, イデオロギー傾向, 争点をめぐる新しい支配的な投票者亀裂が, 従来の亀裂に取って代わる。
9) 再編成時の選挙は, 反抗分子が導くイデオロギー対立によって特徴づけられる。
10) 少なくとも連邦下院に関する限り, 再編成選挙は全国争点に依存し, 非再編成選挙は地方争点に依存する。
11) 選挙再編成は, 政府政策の主要な変化と結びついている。

12）選挙再編成は長期の政党統一政府を生み出し，その期間が主要な政策刷新の前提条件となる。

13）選挙再編成は，明確に「再配分」政策と結びついている。

14）アメリカの選挙民は，選挙再編成の間に実質的な政策選択を効果的に行う。

15）共和党多数派のもとで，ビジネスが工業化を推進した1896年体制が存在する。

ここではまず，後にこれら多数の公理をもつに至る再編成説の原型が，いつごろどのような背景で形成されたのかを明らかにしておこう。

20世紀初頭，共和党の優位は当然のことと考えられていたものの，実際の大統領選挙では政党間での政権交代が繰り返された。1896年，1900年，1904年，1908年の4回の選挙で共和党候補者が勝利し，1912年，1916年の2回の選挙では民主党候補者が勝利した。続く1920年，1924年，1928年の3回の選挙で共和党候補者が勝利し，1932年および1936年選挙では民主党のローズヴェルトが当選した。当時このような頻繁な政党間での政権交代は，振り子または周期にたとえられた（Rosenof 2003: 8, 9）。たとえば，歴史学者シュレジンジャー（Arthur M. Schlesinger, Jr.）は，1939年の論文で，建国以来，アメリカでは保守の時期と改革の時期が交互に訪れ，各時期は16年半続いたと指摘し，1940年代末には保守の時期が，1960年代初頭には改革の時期が訪れると予測した。また，政治分析者ビーン（Louis Bean）は1940年，1941年の新聞記事で，アメリカ政治は周期によって特徴づけられ，1周期は約20年続くと指摘した（Rosenof 2003: 19-20, 22）。

ところが1940年代になり，1944年にローズヴェルト大統領が4選を果たし，1948年に大方の予想に反して民主党のトルーマンが大統領に選出されると，それまでのアメリカ政治の見方が疑問視された。このときアメリカ政治が根本的に変化しつつあることに注意を喚起したのが，新聞記者ルベル（Samuel Lubell）であった。彼によると，ニューディールの背後の革命的な政治変化の根底にあるのは，経済不況，都市の混

雑，工業化の弊害に苦しんできた新世代（低所得者と労働者）の台頭である。その世代がローズヴェルト政権時に成人に達して政治に参入した結果，「1936 年が再編成の年」となり，このとき「民主党多数派が誕生した」のである (Lubell 1952: 29, 43, 50)。

さらにルベルは，この分析に基づき，1952 年の著書で，政党の新理論を提示した。「歴史を振り返ってみると，大政党が競争的で選挙ごとに政権交代した時期は少なく，通常のパターンは，その勢力がまとまる限り政権にとどまる支配的大政党と，大政党連合が割れた場合にのみ政権を獲得する少数党であった。……南北戦争に続く時代においては，共和党がその時期の決定的抗争の決着がつけられる舞台となり，……1896 年にブライアンが時計の針を戻す闘いに敗北した後，共和党支配が疑問の余地のないものとなった。……今日，現代の問題が処理されるのは，民主党の内部においてである」(Lubell 1952: 200, 201)。

そして，このような政治変化を象徴する特殊な選挙を臨界選挙と名づけ，その存在に注意を喚起したのが，キー (V. O. Key, Jr.) であった。彼の 1955 年の論文によると，臨界選挙とは「投票者がきわめて深い関心をもち，選挙関与の程度が相対的に高く，投票の決定的結果が選挙民の間での現在の亀裂の著しい変化を示すような選挙」であり，そのような選挙における投票で明示的になった再編成が，続く数回の選挙で継続する。ニューイングランド諸州における 1928 年の大統領選挙は臨界選挙の事例であり，水面下では，「民主党候補者による低所得，カソリック，都市居住の投票者の活性化」（ルベル）を反映した，選挙民の中で明らかで継続的な再編成が起こったのである。そして，1928 年選挙に妥当する基礎的な基準が，1896 年選挙にもあてはまるのである (Key 1955: 4, 11)。

1960 年の著書で，このカテゴリーを採用し，大統領選挙を再編成 (realigning) 選挙，維持 (maintaining) 選挙，逸脱 (deviating) 選挙に 3 分類した——のちに回復 (reinstating) 選挙も追加した——のが，キャンベル (Angus Campbell) らミシガン学派の選挙研究者たちであった。彼らによると，再

編成選挙は「政党忠誠の継続的な再編成」（キー）によって特徴づけられ，そのような選挙で，国民の政治感情が強い結果，一部の選挙民の基本的政党支持態度が変化し，新しい政党均衡が創出される。再編成選挙は歴史的に大きな全国的危機と結びついており，①奴隷制度をめぐる論争と南部州の連邦脱退問題の最終的結果としての共和党の出現，②東部・中西部と南部・西部を対立させた1896年選挙，③1930年代の大恐慌が再編成の例である。しかし同時に，連続する大統領選挙における政党支持の変化が同一の理由によるものであるか否かを確定することは容易でない，政党支持の変化が1回の選挙では終了しない，などの分析の難しさもある (Campbell, Converse, Miller, and Stokes 1960: 534-535; Campbell, Converse, Miller, and Stokes 1966: 74-175)。

要するに，再編成の概念は，まずジャーナリズムの領域で，振り子説または短期周期説では説明できない，1932年以降の大統領選挙で顕在化した長期的な政治変化を説明するために開発 (Rosenof 2003: 163) された。次に政治学の領域で，最初に再編成を象徴する選挙がキーによって臨界選挙として注目され，後にその選挙の存在がミシガン学派の選挙研究者によって確認されたということになる[2]。

さて1960年代になると，歴史学者による投票周期の研究も進み，政治学者と歴史学者による政党発展の共同研究も行われた。しかし，政治学者の間での再編成への関心を復活させたのは，1960年代の政治的混乱であった。政党，選挙，政策などアメリカの政治全体の将来に対する懸念が，政治学者による再編成説の精緻化を促したのである。

このときに最初に選挙再編成を取り上げ，それを政党システムと結びつけたのが，バーナムであった。彼は1967年の論文で，「約30年に一度，まったく異なる選挙の周期——突然に投票行動における大規模な草の根変化を引き起こし，各政党にとって新しい連合のパターンの形成に終わる再編成周期——が出現する」(Chambers and Burnham 1967: 288) と再編成の存在を指摘し，建国以来の政党政治を，1) 実験政党システム (1789-

1820 年），2) 民主化政党システム (1828-1854 または 1860 年），3) 南北戦争政党システム (1860-1893 年），4) 工業化政党システム (1894-1932 年），5) ニューディール政党システム (1932 年-) という 5 システムに区分し，それぞれの再編成選挙，政党支持，政策変化の特徴を明らかにした (Chambers and Burnham 1967: 289-304)。

　バーナムはまた，選挙再編成と政策効果の関係にも注意を向けた。彼は 1967 年の論文で，「臨界再編成は，……最重要の政治決定と全国政策形成の主流における転換点を構成する」(Chambers and Burnham 1967: 289) と指摘した。1970 年の著書で，彼は「臨界再編成のアメリカ政治過程に対する構造，機能，含意の中間評価を行う」(Burnham 1970: 3) とし，再編成の特徴 (大政党の大衆連合基盤の短期的再組織化，第三党の出現，社会経済システムにおける過度の緊張，大政党間のイデオロギー対立など) を一般化した。そして，政府機構が分権的であり，政党が政策形成機能を果たさないアメリカでは，「社会の緊張に由来する臨界再編成は政策方針を変更し，それによりエリートの役割に影響を与える」と指摘し，再編成がアメリカの政治システムに不可欠の構成 (constituent) 機能を果たしている，とその意義を高く評価したのであった (Burnham 1970: 9-10)[3]。

　再編成説の精緻化作業は続いた。たとえば，サンドクィスト (James L. Sundquist) は 1973 年の著書で，過渡期のアメリカ政治を理解するためには，過去の再編成過程を明らかにする必要があるという立場から，選挙民の中での政党システムの再編成の仮説的シナリオ——1) 大規模な再編成が発生しない，2) 既存の 2 大政党の間での再編成，3) 第三党の吸収をつうじての再編成，4) 一方の大政党の代替をつうじての再編成，5) 既存の 2 大政党の代替をつうじての再編成——を構想し，基底的な不満の広範さと深刻さ，抵抗を引き起こす能力，リーダーシップ，政党間での対極勢力の分離度，既存政党への忠誠の強さという 5 変数が再編成過程を決定づけると仮定した (Sundquist 1973: 11-15, 28-36)。これに照らしてこれまでの主要な再編成を詳細に分析し，1850 年代の再編成がシナリ

オ 4），1890 年代の再編成がシナリオ 3），1930 年代の再編成がシナリオ 2）にあたることを明らかにした (Sundquist 1973: 71, 146, 199)。

　ベック (Paul Allen Beck) は 1974 年の論文で，党派的再編成の世代理論を提示した。彼によると，これまで再編成は約 30 年ごとに起こり，後に政治は常態に復帰した。この動態を考えると，選挙民の間には，1) 強い政党支持をもつ再編成世代，2) 中程度の政党支持をもつ再編成世代の子供たち世代，3) 弱い政党支持をもつ常態政治の子供たち世代という 3 世代が存在し，時間の経過とともに各世代の相対比率がたえず変化する (Beck 1974: 205-208)。歴史的にみると，約 30 年ごとに争点——奴隷制問題，都市農村抗争，階級抗争など——が出現して再編成が起こったのは，ちょうど前回の再編成後の常態政治の子供たち世代全体が選挙民に加わった時期である。したがって，なお仮説部分が多いとしても，世代理論から，過去の再編成が周期的に発生したことも，現在の選挙民が政党から離れて漂流状況にある——弱い政党支持をもつ常態政治の子供たち世代全体が選挙民の中に参入したのにもかかわらず，まだ再編成を促すような事件が起こっていない——ことも説明することができる (Beck 1974: 208, 216)。

　こうして，現在知られている選挙民の中での政党システムの再編成説の原型は，1970 年代前半に成立した。政治史研究者ローズノフ (Theodore Rosenof) によると，再編成説の問題は，それを内成的なもの，予測可能なものとみなす傾向にある。ルベルとキーは再編成を外成的な——外部からの危機によって引き起こされる——ものと認識していたものの，バーナムは，政府機構が分権的で政党が政策形成機能を遂行しないアメリカの政治システムに特有のメカニズムと特徴づけることにより，再編成が内成的なものであるという印象を与えた。また，ルベルは周期性を否定したものの，キーが 1896 年選挙も臨界選挙であることを発見して以降，再編成説に無意識のうちに周期性の考えが入り込んだ (Rosenof 2003: 40, 58, 164)。しかし，いまみたように，再編成を内成的なもの，再編成を予測可能なものとみなす傾向は，ベックの世代理論によっても強

化されたことを忘れてはならない。

2. 選挙民の中での政党システムの再編成説の批判と現状説明

　1970年代前半までに，多くの研究者の手により選挙民の中での政党システムの再編成説の原型が一応完成された。しかし実際には，1960年代中頃より多くの徴候が存在したにもかかわらず，期待されたような再編成は起こらなかった。その結果，再編成説は批判にさらされ，現状の新しい説明が求められた。

　第1に，再編成の周期説が批判の対象となった。たとえば，ラッド (Everett Carll Ladd) は1975年の著書で，1960年代以降の政党支持者，政党組織を詳細に検討し，1964年および1972年大統領選挙の「地滑り的勝利」は不自然ではなく，出現しつつあるアメリカ政治の新しい動態の産物であると特徴づけた (Ladd 1975: 328)。続いて彼は，研究者がニューディールの経験をモデル化し，再編成への期待を過度に高めたことを批判した。彼によると，「悲しいかな，再編成周期は存在しないし，注目すべきリズムも存在しない。旧大政党が新大政党に取って代わられる必然性もないし，そのような発展の展望に注意を払う理由もない。……われわれには，社会変化の止むことのない唸りが聞こえるだけであり，新しい社会政治時代の到来を告げる変化の累積がときどきみえるだけである。そのような社会的背景における重要な変化は，政党システムの基本的変質を求めるものの，それは古典的ニューディール再編成がともなった移行形態をつねに特色とするわけではない」(Ladd 1975: 333)。

　第2に，再編成説の恣意性と過度の単純化が批判の対象となった。この批判は，とりわけ政治史研究者から発せられた。たとえば，リクトマン (Allan J. Lichtman) は1976年の論文で，臨界選挙理論の論理的および経験的妥当性を検討し，1916年から1940年までのいずれの大統領選挙も臨界選挙の条件を満たしていないことを明らかにし，「もしモデルの前

提もしくは予測が歴史的現実に合わないのなら，モデル自体が修正または放棄されなければならない」と論じた (Lichtman 1976: 320, 345)。また，マコーミック (Richard L. McCormick) は 1982 年の論文で，再編成と政策変更を結びつける研究がもっとも単純でもっとも没歴史的な臨界選挙理論に依存していると批判し，研究が進むにつれて多くの例外や不規則事例が観察され，1970 年代後半には，再編成説は混乱に陥ったと指摘した (McCormick 1986: 73, 74, 75)[4]。

第 3 に，再編成における政治家の役割の軽視が批判された。たとえば，ブレイディ (David W. Brady) は 1978 年の論文で，「臨界選挙の『選挙民の中での政党』および『政党組織』に対する効果に関して利用しうる研究は存在するものの，政策変化が正当化される手段，すなわち連邦議会政党に対するそのような選挙の効果に関して利用しうる研究は存在しない」(Brady 1978: 80) と指摘し，連邦議会議員活動の視点から 1896 年および 1932 年の再編成を比較した[5]。また，ベックは 1979 年の論文で，選挙周期とアメリカ政治のパターンの関係を検討し，「エリートの周流と選挙サイクルを結びつける仮説は，研究者からほとんど体系的な関心を受けなかった」(Beck 1979: 153, 155) と指摘し，選挙サイクルとエリートの関係をより詳細に研究する必要があると主張した[6]。

そして，全体を包括する批判は，クラッブ (Jerome L. Clubb)，フラニガン (William H. Flanigan)，ツィンゲール (Nancy H. Zingale) によってなされた。彼らは 1980 年の著書で，これまでの選挙変化中心の再編成説に疑問をもち，1850 年代，1890 年代，1930 年代の主要な再編成過程を検討し，1) 選挙変化のパターンだけでは党派的再編成の発生を説明することができない，2) 再編成後の政党システムの不安定化過程に共通するパターンは観察されない，3) 選挙変化および議会多数派をもつ統一政府が政策イニシアティブの必要条件を提供する，ことを明らかにした (Clubb, Flanigan, and Zingale 1980: 68-69, 73-74, 114-115, 151, 184)。そして，1) 強い政党忠誠をもたない投票者が存在し，2) 経済危機のような事件が発生し，3)

それに対応できない現政権が選挙で敗北し，4) 競争政党が積極的に政策に対応し問題を解決する，という再編成過程の代替概念を提示し，政治不信の高まり，政党の問題解決能力の低さなど多くの問題はあるものの，「いかなる形態であれ党派的再編成と政党活性化の可能性は，政治的リーダーシップの行動と政府の達成度に依存している」と結論したのである (Clubb, Flanigan, and Zingale 1980: 254, 260, 263-264, 294)[7]。

ところで，このように再編成説が批判され見直しが求められたことへの対応として，一部の研究者は，部分的な変更を加えた再編成概念により現状を説明しようとした。

第1は，期待されたような再編成ではなく分割再編成が起こったという説明である。たとえば，ラッドは1975年の著書で，1960年代以降，支持政党なし層の投票行動が増加し，新しい社会的・文化的争点によって引き起こされた亀裂を前にニューディール連合の構成集団が離反した結果として，「大統領レベルとそれ以下のレベルが異なる選挙編成を反映する2層の政党システム (two-tiered party system) が出現した」と指摘した (Ladd 1975: 271)。また，ウィルソン (James Q. Wilson) は1986年の論文で，レーガンを再指名した1984年の共和党の大統領候補者指名過程を詳細に分析し，争点志向の活動家が活性化し予備選挙の影響力を増大させた結果，大衆レベルで脱編成が進行する一方で，エリートレベルで再編成が起こっていると論じた (Wilson 1985: 300, 308)。さらに，ネルソン (Michael Nelson) は1988年の著書で，1980年選挙以降の大統領選挙における共和党勝利と連邦議会議員選挙における民主党優位の傾向に注目して，分割レベル再編成 (split-level realignment) が起こっていると指摘し，その理由を各選挙に対する選挙民の期待の相違に求めたのである (Nelson 1989: 181-209)。

第2は，アメリカは脱編成期にあるという説明である。この概念をもっとも早く体系化したのは，ダルトン，ベック，フラナガン (Scott C. Flanagan) であった。彼らは1984年の著書で選挙期間を安定的編成期，

再編成期，脱編成期に区別し，脱編成期を「伝統的政党連合が解体するにともない，選挙民の中の政党支持者が収縮する」期間 (Dalton, Beck, and Flanagan 1984: 11, 14, 38) と定義した[8]。またベックは同書の中で，アメリカの選挙民の党派的愛着の衰退を党派的脱編成と位置づけ，1964 年よりアメリカの選挙民が脱編成していると指摘した。彼によると，その理由は選挙民が世代交代したことにあり，とくに若い選挙民の間で脱編成が顕著なのは，教育水準の高い若い選挙民にとって政党ラベルが有用でなくなった，親から子供への政党支持態度の伝達が行われなかったからである (Beck 1984: 240, 252, 256-257)。また，カーマインズ (Edward G. Carmines)，マッキーヴァー (John P. McIver)，スティムソン (James A. Stimson) は 1987 年の論文で，1960 年代中頃より，現在の政党編成の新しさが失われ，争点アジェンダが不安定化し，政党の争点立場が不明確になった結果として，選挙民は政党支持態度を獲得・維持せず，潜在的な政党支持者にとどまっていると主張した (Carmines, McIver, and Stimson 1987: 380, 395)。

　要するに，選挙民の中での政党システムの再編成説は，1970 年代後半より批判にさらされ，大幅な理論的な再検討が求められたものの，再編成メカニズムと政治家の役割を視点とした再編成説の再構築は行われなかった。むしろ，研究者は分割再編成説と脱編成概念によって批判に応えようとした。とくに脱編成概念は有効であった。というのは，これまで政党と選挙民の関係の希薄化は「政党衰退」と称され，もはや再編成は起こらないのではないかと懸念されたものの，もしその現象を脱編成とみなすなら，それは再編成に向けての準備段階と位置づけることができるからである[9]。その結果，1980 年代以降，いつ政党および政治家がイニシアティブを発揮して問題を解決するかに関心が集中し，連邦公職選挙のたびごとに再編成が起こったのか否かが問われることになったのである。

3. 1990年代に再編成説に再び関心が集まった理由

多くの批判と現状説明がなされた後，1990年代に入ると，1994年選挙における連邦下院での共和党の多数派の獲得，2000年選挙における共和党ブッシュ（子）大統領の当選などの事実を背景に，再編成が進行していることをより積極的に主張する研究が増え始めた。政党中立型投票者の比率が増大した結果，「選挙民の活性化なき再編成」が起こったというワッテンバーグの主張(Wattenberg 1990: 132-167)，選挙民の政党支持の形成・変更は漸進的に起こり，再編成は長期にわたって進行するので，過去50年間の政党支持の変化は決して驚くべき現象ではないというストーンキャッシュの主張(Stonecash 2006: 130)を別にすると，再編成をめぐる現在の議論は，3つに大別することができる。それらは，候補者中心選挙運動様式を重視した新しい再編成説，分割再編成が拡張され全面再編成が完成したとする説，イデオロギーを基盤に再編成が進行したとする説である。

第1は，候補者中心選挙運動様式を重視した新しい再編成説である。たとえば，オールドリッチ(John H. Aldrich)は1992年の論文と1995年の著書で，新しい見方を明らかにした。彼によると，臨界期には政党システムの再編成と政党形態の変化という2種類の変化が存在した。1820年代の臨界期に「近代大衆政党」という政党形態が成立し，政治家の集合利益が優先され，選挙民の政党投票をつうじて政党の人気と候補者の選挙運命が一体化した。その結果，1850年代，1890年代，1930年代の臨界期には，選挙民の中での政党システムの再編成が達成された。1960年代には再編成の要素が存在したものの，候補者中心選挙運動様式が台頭する中で，政党形態が「コントロール型」から「サービス型」に変化した。その結果，従来型の選挙民の中での政党システムの再編成は起こらなかったし，この政党形態が続く限り，従来型の再編成が起こる可能性はない(Aldrich 1995: 278-283)。

彼はここで概念の大胆な見直しを提案した。従来の編成‐再編成サイクルを「均衡‐不均衡‐新しい均衡」サイクルと捉え直すと,「均衡期」が政党システムの安定期となり,「不均衡期」が古い政党システムと新しい政党システムの間の臨界期となる。そして,選挙民の政党支持・政党認識・争点認識,投票率,分割投票,60％以上の得票率で再選された現職連邦議会議員の比率など27指標を詳細に分析すると,変化が1964年選挙に始まり1972年選挙を境に安定化したことがわかる。それゆえ,彼は1972年に始まった「均衡期」を第6次政党システムとみなし,政党形態に注目してそれを「候補者中心政党システム」と命名した(Aldrich and Niemi 1996: 98-100)。

シア(Daniel M. Shea)は1999年の論文で,候補者中心選挙運動様式の台頭の効果をさらに強調した。1960年代以降,アメリカは脱編成の状態にあり,1980年代および1990年代初頭に再編成の徴候が観察されたものの,再編成は起こらなかった。彼によると,それのもっとも大きな理由は,政党組織がコミュニティ基盤型からサービス志向型に変化したことにある。サービス志向型政党の台頭は選挙民の政党政治離れを加速し,アメリカの政治システムが再編する能力を奪った。技術優先主義は選挙勝利に有利に作用する選挙運動戦術に対応する一方で,投票者を政党から離反させ,資金優先主義は政党による地方活動を阻害した。こうして台頭したのが「基盤なき政党システム(base-less party system)」であった(Shea 1999: 41, 44, 47-48, 50)。

第2は,分割再編成が拡張されて全面再編成が完成したとする説である。これを代表するのが,ポールソン(Arthur Paulson)である。彼は2000年の著書で,「脱編成は別の手段による再編成と理解され,政党衰退は新しい政党システムへの移行期と理解される」という立場から,1960年代に進行した大統領選挙レベルでの再編成が連邦議会議員選挙レベルにまで拡張した長期プロセスを,次の6命題を検証することで解明しようとした(Paulson 2000: xv-xvi, xxiv-xxvi)。

1) 1964年と1972年の間の大統領選挙において，アメリカ史でもっとも圧倒的な選挙再編成が起こった。
2) 1960年代の再編成は，両大政党内でよりイデオロギー的なグループに有利なグループ抗争が顕在化した結果として起こった。
3) 大統領選挙と連邦議会議員選挙の間での分割投票の増大は，連邦議会議員選挙の現職優位の傾向と同程度に，全国政党間のイデオロギー対立によって構造化された。
4) ニューディール（ローズヴェルト大統領）と「大社会」（ジョンソン大統領）に代わる新しい政策アジェンダが1970年代に形成され始めた。
5) 1960年代に「トップ」で起こった再編成が1990年代に「ボトム」に拡張した。
6) 現在，アメリカには，アメリカの経験の基準によると，イデオロギー的に対立した2大政党が存在する。

研究の中で彼がとくに強調したのは，イデオロギー的活動家の新しい役割であった。1970年代初頭から始まった大統領候補者指名過程の民主化改革により，伝統的な政党は後退し，党内決定における争点活動家の力が増大した。そして，「グループ抗争と1964-1974年の時期の選挙再編成が，伝統的な政党内で孤立した政党エリートの間での再編成を促進し……，規模において限られていたとしても，このエリート再編成が大政党間のイデオロギー的対極化を強化するように作用した」(Paulson 2007: 161, 293)。このような長期的な視点に立つと，1994年選挙は連邦議会議員選挙における長期的再編成の最終段階に過ぎなかったのである (Paulson 2007: 196)。

第3は，1980・1990年代の再編成はイデオロギーを基盤に進行したとする説である。たとえば，アブラモウィッツ (Alan I. Abramowitz) とサンダース (Kyle L. Sanders) は1998年の論文で，一般選挙民レベルでのイデオロギーの重要性を主張した。彼らによると，1994年および1996年の連邦下院議員選挙における共和党の勝利の背景には，2大政党の支持の相

対的強度と基盤の長期的変化があり，その変化はレーガン大統領およびその後の時期の民主党と共和党のイデオロギー的対立の増大により引き起こされた。彼らは，政党のイデオロギー的立場間の差異が大きくなると，市民が政策選好に基づいて政党支持を選択することが容易になるという仮説を立て，アメリカ全国選挙研究のデータを用いて，投票者の政党間の争点立場の差異をイデオロギー的差異の認識から説明した。そして，1980年代初頭より，イデオロギー的対立線に沿った政党忠誠の長期的再編成があったとし，「投票者は自分の親から受け継いだ政党忠誠を維持したのではなく，自分の政策選好に基づいて政党支持態度を選択してきた」と結論した (Abramowitz and Sanders 1998: 643, 644, 649)。

さらに，彼らは2004年の論文で，政党の候補者および公職者によって提供されるイデオロギー合図が目立つか否かにより，選挙運動参加のための動機としてのイデオロギーの影響力の大きさは政党間で異なるという仮説をアメリカ選挙研究のデータを使って検証した。そして，レーガンやギングリッチのような保守的な共和党リーダーによって導かれた結果として，1990年代中頃までに，民主党支持者の間においてよりも共和党支持者の間で，イデオロギーがより重要な参加動機となったことを明らかにした (Sanders and Abramowitz 2004: 305)。

さて，これら再編説をめぐる新しい議論を整理すると，現在，再編成については2つの対立する考え方があることが分かる。一方は，候補者中心選挙運動様式の台頭と選挙民の政党離れを強調して従来型の再編成が起こらないとする見方であり，他方は，そのような変化を認めつつも政党の新しい役割を強調し，従来型とは異なる再編成が起こったとする見方である。

まず，候補者中心選挙運動様式の台頭と選挙民の政党離れを強調して従来型の再編成が起こらないとする見方を代表するのは，オールドリッチ，シアである。最近の選挙民の政党離れの原因を政党中立型投票者の比率の増大から説明し，1990年の著作で「選挙民の活性化なき再編成」

が起こったと主張するワッテンバーグも，この見方に含まれるであろう。この見方は，かつての再編成説に暗黙のうちに前提されていた選挙民の強力な政党支持態度――大統領選挙候補者への投票と連邦議会議員候補者への投票を分割しない固定的政党支持態度――がもはや存在しないという認識から出発するがゆえに，政党支持態度で結合された政治家と選挙民の意味ある関係を認めない。

　しかし，政治家と選挙民の意味ある関係を認めず，現在の政党システムを「候補者中心政党システム」，「基盤なき政党システム」と，また現状を「選挙民の活性化なき再編成」と特徴づけてしまうと，この見方で現状を詳細に分析することは困難になろう。たとえば，1980年代に始まり1990年代後半にとくに顕著になった共和党優位の競争関係は，この見方からすると定義上，短期的な要因によって引き起こされた，政治家と選挙民の間に重要な意味をもたない現象とならざるをえない[10]。

　次に，候補者中心選挙運動様式の台頭と選挙民の政党離れなどの変化を認めつつも，政党中心の再編成が起こったことを強調する見方を代表するのが，ポールソンである。彼は，大統領選挙レベルで起こった再編成が連邦議会レベルにまで拡張したことを説明するさいに，選挙民と政治家をかつて直接に結びつけた（と想定される）政党支持態度に代わるものとして，政党支持者をイデオロギー的主張により活性化する争点活動家の役割に注目した。アブラモウィッツとサンダースの研究は，そのような争点活動家の努力に政党支持者が反応したことを経験的に証明したという点で，ポールソンの見方を補強している。

　しかし，この見方にも検討すべき多くの点が残されている。ポールソンが大統領選挙レベルの再編成が連邦議会選挙レベルに拡張される過程を検証するために用いたのは，州のイデオロギー的配置とその変化，州の政党別連邦議員の選出数とその変化などの静的なデータであり，彼は南部諸州における共和党連邦議員数の拡大の背後にあった有力な共和党候補者の立候補やキリスト教右派団体による選挙動員などの要因につい

て分析しなかった。また，彼は分割再編成が拡張されて全面再編成が完成したと主張し，アメリカ政治の分析に再編成という視点がなお有用であると指摘した (Paulson 2007: xv) にもかかわらず，新しい再編成過程の理論的含意や将来の展望についてはほとんど言及しなかった。

要するに，再編成が起こったのか否か，もし起こったとするなら，それはどのような再編成なのかについて，現在でも研究者の間で見方は定まっていない。

4. 現在までの再編成説の評価

今後，アメリカの政党や政党システムがどのように変化するかは不確定であり，また再編成説がどのような展開をみせるかを予測することは難しい。しかし，再編成説には否定的な評価が多い。

第1に，投票行動研究の再編成説への影響が大きく，それが再編成研究の方向を決めてしまったという点である。たとえば，ストーンキャッシュ (Jeffrey M. Stonecash) によると，臨界再編成の理論が政治学者の間で受容されたのは，投票行動研究において個人の政党支持態度は強く永続するとみなされていたからである。したがって，研究者の関心は，投票行動の短期的変化を引き起こすファクターに向かい，長期的変化を説明するために，長期的 (secular) 再編成よりも臨界再編成の方が有用であると考えてしまったのである (Stonecash 2013: 44-49)。

第2に，再編成理論では長期的な変化を説明することは難しいという点である。たとえば，カーマインズとスティムソンは，再編成理論は短期間に再編成が起こったか否かの2分法の概念に基づいており，この用語で変化を説明しようとする場合，結論は再編成が存在したか否かしかない。その結果，彼らは人種問題のようにアメリカ政治を長期にわたり動かしてきた争点をめぐる政策変化を，争点進化 (issue evolution) のプロセスとして理解する必要があると指摘した。また，彼らは研究者の姿勢

に批判の目を向ける。当初の再編成概念では1960年以降の変化を説明するために多くの修正がなされた。その結果，奇妙なことに，現実の再編成事例よりも再編成の理論的類型が増えてしまった。さらに混乱を招いているのは，再編成理論に多くの修正がなされているにもかかわらず，再編成の定義は最初の再編成概念のままである (Carmines and Stimson 1989: 19-20, 23-24)。

　第3に，再編成という見方それ自体にも問題があるという点である。たとえば，メイヒューは15公理の妥当性を証明できないことを明らかにした後で，再編成説を2点から批判している。まず，再編成理論のような壮大なものを構築しようという考え自体を疑う必要がある。というのは，偶然性，短期的戦略，合意争点 (valence issue) などの存在により，選挙史を規則的な期間に区分することは現実と衝突することになり，結局，失敗する可能性が高い (Mayhew 2002: 147)。次に，選挙，政党，政策刷新を引き寄せるようなやり方でアメリカ政治史に偏在するパターンを発見しようという試みに意味があり，偶然それに成功したとしても，ある種のストーリーを想定しなければならない。たとえば，これまでの再編成説で支配的であったのは，アメリカ史は一方における貪欲で横暴なビジネス階級と他方における農民と労働者の下層連合の競争であったとする革新主義歴史研究者グループの歴史観であり，これはアメリカ史の1パターンに過ぎない。アメリカ史にはこれ以外に，戦争の歴史，人種の歴史，経済成長の歴史が存在する (Mayhew 2002: 147-161)。

　また，1860年代と1930年代の類推に戻っても，えるところは少ない。

　　「再編成の視点を本当に取り除くことができるのか？　再編成のメタファーが使い続けられる場合，サイクル，周期性，政党システム，1896年のシステムに関するアイデア——私が再編成の視点の完全に肉づけされたバージョンと呼んでいるもののすべての構成要素——がすべての人の精神的な議題から払いのけることができるの

か？ それは疑わしい。これは，用語を完全に放棄するためのよい議論を提供する。再編成の展望の野心的なバージョンは, 実りある日々を過ごしたものの，あまりにも捉えどころがなく，二元的（二項対立的）で終末論的であり，その大部分は行き詰まっている」(Mayhew 2002: 165)。

要するに, 再編成という概念を用いて, 州または特定地域における特定の時期の政党システムの変化——2大政党の競争関係の変化——を分析することは可能であるとしても, アメリカ政党の変化の大きなストーリーを描くことは難しいのである。

注

1 同一の政治現象を対象とする場合でも, 選挙の研究者は一般的に選挙再編成 electoral realignment という用語を用い, サンドクイストのように, 再編成の結果としての政党システムに関心をもつ研究者は, 政党再編成 party realignment という用語を用いる。また, バーナムのように, 再編成が臨界選挙をつうじて起こることを強調する研究者は, 臨界再編成 critical realignment という用語を用いる。本論では, 選挙再編成およびそれの政党システムへの効果の両者に焦点を合わせる。したがって, アメリカの政党研究に伝統的な, 政党組織, 政府の中の政党, 選挙民の中の政党という政党3部構造モデルに基づき, 選挙民の中での政党システムの再編成という用語を採用する。

2 ローズノフによると, キーやキャンベルに先立ち, 1924年の著書で「予期せぬ経験や既成の政党分界線を交差する新争点が再編成を引き起こす」と再編成の動態に最初に言及したのは, ライス(Stuart A. Rice) であった (Rosenof 2003: 2)。また, シュレジンジャーは1968年の著書で, 「アメリカ政治の再編成モデルはサミュエル・ルベルによって最初に着手され, 後に政治学者, とくにV・O・キーによって精緻化された」と指摘している (Rosenof 2003: 42)。

3 ただし, 彼は規則性に言及しながら, 時間的相関関係がないこと, 政党の役割を低下させ, 投票率を低くするような1896年のシステムの存在を指摘

した。

4 この論文 "The Realignment Synthesis in American History" は，1982 年に *Journal of Interdisciplinary History* に掲載された。

5 ブレイディによると，両選挙が新しい連邦議会多数党の選挙区基盤を変化させ，それにより選挙区と政党の交差圧力が減少した。また，両選挙で議員の交代が起こり，委員会の連続性が途切れた。これら政党政治 (party government) に対する 2 つの障害が取り除かれることにより，下院における政党統一と政党投票のレベルが上昇した。こうして両再編成選挙は政党政治の条件を創出した (Brady 1978: 98)。

6 ベックは論文の中で「選挙変化は，選挙民の間の政党忠誠の分布に対する世代交代の効果に由来するという私の考えを強調する必要がある。しかしながら，脱編成期から再編成期への突然の移行の原因は，選挙制度に外成的な勢力の動きに求めなければならない」と論じて，1974 年の論文での主張を一部変更した (Beck 1979: 132)。

7 これ以外に，エリート，政策を中心に再編成理論を構築しようという提案もあった (Trilling and Campbell 1980: 3-20)。

8 政党選挙民関係を分析する概念として脱編成を最初に使ったのは，イングルハートらであろう。彼らは危機が政党一体感の成長を加速または抑制するという仮説を検証するため，選挙民と政党の関係を，党派編成，再編成 (ある政党から別の政党への移動)，脱編成 (政党一体感をもつ者の比率の低下) に分類した (Inglehart and Hochstein 1972: 345)。しかし 1984 年まで，脱編成という用語が使われても明確に定義されることはなかった。たとえば，Abramson 1978: 505-509; Norpoth and Rusk 1982: 522-537 を参照。ベックは 1977 年の論文で，南部諸州における白人の民主党離れを民主党脱編成と称した (Beck 1977: 477-496)。

9 たとえば，ベックはアメリカの選挙民が脱編成期にあると指摘した後で，1) 再編成が起こる，2) 政党連合の漸進的変化 (キーのいう長期的再編成) が起こる，3) 脱編成が継続する，というシナリオを示した (Beck 1984: 264-265)。

10 オールドリッチは 1999 年の論文で，大統領の世代変化，連邦議会指導部の変化，南部選出共和党議員の増加，政党支持者の増大，分割投票の減少，連邦議会議員選挙における現職議員優位の崩壊などの変化が，とくに 1994 年選挙以降に顕著になったことに注目し，再び新しい臨界期が始まった ——第 7 次政党システムの確立に向けての動きが始まった——可能性を示

唆した (Aldrich 1999)。

第4章
運動を起源とする政党システム変化の研究

　選挙民の中での政党システムの再編成説がこれまでの政党システム変化に関する主要な研究であったとするなら，最近注目されているのは，社会運動を起源とする政党システム変化の研究である。アメリカにおいては，政党史の研究では，政党の結成と発達における運動や団体の関係が説明され，また選挙運動の研究では，運動や団体が政党や候補者にどの程度の支援(資金やその他の支援活動)を提供したのかが調査され報告されている。しかし，アメリカ政治学においては，これまで運動と政党の関係，とくに運動と政党システム変化の関係が真正面から研究されることはほとんどなかった。

　西欧先進民主諸国においては，運動と政党の関係，とくに労働運動と政党の関係は密接かつ直接的であった。というのは，西欧民主国の選挙競争と政治運営の中で大きな勢力をもっている社民党や労働党などは，運動に起源をもつ政党であったからである。

　たとえば，イギリスでは，1800年代初頭より労働組合運動の合法化を求める運動が行われ，1868年に労働組合の全国的連合組織である労働組合会議 (Trades Union Congress) が結成された。その後，政党や団体の結成が相次ぎ，1881年には最初の社会主義政党である社会民主連合が，1884年に穏健な改革を求めるフェビアン協会が，1896年には独立労働党が結成された。1900年には，これら社会民主連合，フェビアン協会，独立労働党と65の労働組合が労働代表委員会を結成した。同委員会は

1906年の総選挙で29議席を獲得した後，労働党に改称した (Thorpe 2008: 8-16)。

　ドイツでは，1848年の『共産党宣言』出版後，労働運動・社会主義運動が高まりをみせ，1863年に労働者を中心とするドイツ労働者協会が結成され，1869年にはマルクス主義を信奉する社会民主労働者党が結成された。これら2政党は1875年のゴータ大会で合併し，ドイツ社会主義労働者党が創設された。1878年の社会主義者鎮圧法が制定されたため同党は非合法化されたものの，1890年の同法の廃止後，同党はドイツ社会民主党に改名し，同年の帝国議会選挙で35議席を獲得した (Miller and Potthoff 1986: 18-28, 38)。

　また，ベルギー・デンマーク・オランダなど比例代表制を採用する国では，運動・団体と政党はまさに一体化し，労働運動・団体，社会主義運動・団体，宗教団体，環境保護運動・団体は自身の利益を代表するためそれぞれ社民党，キリスト教政党，緑の党を結成した。当時，比例代表制は採用されていなかったものの，たとえばベルギーでは，運動の中から1885年に労働党が結成され，1894年に28議席を獲得した。デンマークでは，1882年に社民党が結成され，1884年には2議席を獲得した。そして，オランダでは，1880年代初頭に社会民主同盟が誕生し，1894年に社会民主労働者党に改名し，1888年には1議席を獲得した (Jacobs 1989: 10, 34, 260; Mackie and Rose 1991: 51, 94, 130)。

　これらの事例とは対称的に，アメリカにおいては，いまだに大きな政治・社会運動が台頭することがなかった1820年代にすでに2党競争の原型が形成され，1850年代には，民主・共和2大政党の競争が開始された。1880年代以降には，州法規定により大政党に特権的地位が与えられ，強固な2党システムが制度化された。州レベルの運動が新党を結成しても，それは大政党に取って代わることはできず，また，大政党と長期にわたり競争することはなかった。たとえば，アメリカで1870年代および1880年代にとくに西部で農民運動が拡がりをみせ，第三党と

して候補者を立て，ある程度の連邦議会議員を当選させたものの，それはマイナーなアクターに過ぎなかった。また，選挙民の中での政党システムの再編成説においては，第三党の台頭は，選挙民の支持の組み替えと新しい政党競争の出現の背景要因とみなされたのである。

本章では，アメリカにおいて，1) これまで政党と運動の研究がいかに疎遠であったのか，2) 疎遠であった運動研究と政党研究がなぜ最近になって接近するようになったのか，3) 運動を起源とする政党システム変化とはどのようなものであり，誰によってどのように理論化されたのか，4) この見方はその後どのように展開されているのか，に焦点を合わせ，運動を起源とする政党システム変化の研究の発達と特質を解明し，その説明力を検討する。

1. 政党と運動の関係に関する従来の研究

政党と運動に関する従来の研究で注目されるのは，運動と第三党との関係である。アメリカでは建国以降多くの第三党が結成され，ある程度の研究はなされている。起源に注目すると，第三党は 1) 特定のイデオロギーや争点を表出するもの (Free Soil Party 自由土地党，Prohibition Party 禁酒党)，2) 外国人がもち込んだもの (ミルウォーキー，ニューヨーク，シンシナティなどドイツ移民が多い都市や地域における社会党)，3) 大政党から離脱したもの (Progressive Party of 1912 革新党，Dixiecrats of 1948 州権党) などに加えて，4) 運動に基づくものに分類される (Sorauf 1984: 49-50)。ここでは農民運動に基づく一連の第三党を取り上げ，それと大政党の関係について考察しよう。

1870 年代中頃，南部・中西部諸州で農民は農産物価格の低迷と銀行利子・鉄道運賃の高さに苦しみ，運動を組織して州政府に救済を求めた。1876 年には，グリーンバック党 (Greenback Party) が結成され，同党は，南北戦争後の共和党政権が金本位制のもとに (紙幣を回収し) 通貨量を縮小

させて不況を引き起こしたと批判し，銀・金の無制限の鋳造と連邦政府による通貨発行を提案した。同党は 1880 年には，連邦政府による通貨発行，銀の自由鋳造，労働立法の促進，独占の規制の導入などを骨子とする政策綱領を提案した (Moore 1994: 61-62)。

　1880 年代に入ると，農民運動は労働運動とも提携し，1880 年代末には，旱魃で苦しんだ平原諸州もこの運動に加わった。当初，この運動は南部では民主党と協力し，西部では独立政党として活動したものの，途中から，共和党政権と対決し全国政党を組織しようという声が強まり，1892 年 7 月に，南部農民同盟 (Southern Farmer's Alliance) などいくつかの団体を基盤に人民党 (Populist Party) が結成された。党綱領では，2 大政党を関税問題以外の重要な問題を無視していると批判し，政府による銀の大量買上げと銀の無制限鋳造，農民のための低利子貸付制度の採用，累進所得税の導入，政府による鉄道・電信電話の規制，企業による土地独占の制限，外国人による土地所有の禁止，そして，連邦上院議員の直接選挙制などを要求した。ウィーヴァー (James B. Weaver) が候補者に指名され，彼は大統領選挙で一般投票の 8.5％，選挙人票の 22 票 (6 州) を獲得した (Reichley 1992: 133-141; Maisel 1999: 506)。1894 年の中間選挙においても人民党は勢いを失わず，連邦下院議員 4 名，連邦上院議員 4 名，州執政部公職 21 名，州議会議員 465 名を当選させた (Judis 2016: 26-27)。

　人民党が大きな選挙勢力となり，民主党支持者の間でも銀の自由・無制限鋳造を支持する声が強まると，民主党は，1896 年の大統領選挙にさいして，銀の無制限鋳造，政府による鉄道・電信電話の規制，外国人低所得労働の制限などを中心とする政策綱領を採択したため，人民党は混乱の末独自の候補者を立てなかった。民主党では，有名な「金の十字架」演説——民衆を金の十字架にかけてはならない (金本位制の維持によるデフレーションで民衆を苦しめてはならない)——を行ったブライアン (William Jennings Bryan) が，大統領候補者に指名された (Reichley 1992: 143)。彼は大統領選挙で共和党候補者マッキンリーに敗れたとはいえ，選挙人票の

39.4％，一般投票の 47.6％を獲得した。1904 年に人民党が再建され，ワトソン (Thomas E. Watson) が大統領選挙に立候補した。しかし，同年，彼は一般投票の 0.8％を獲得しただけであり，さらに 1908 年にはその比率は 0.2％に減少した。

　アメリカの大政党が新しい政治問題に迅速に対応できないのには，それなりの理由がある。第 1 に，アメリカの大政党は多数の州政党の連合であるがゆえに，党内である問題の政治的重要性が認識されるまでに時間がかかる (他の多くの州政党によって無視・反対される場合もある)。第 2 に，一旦政党システムの再編成作業が完了すると，主要な対立争点が固定化される傾向がある。その結果，農民運動は救済政策の実施を求めて，一連の第三党を組織せざるをえなかった。このような事例から，第三党の機能は「さもなければ大政党が無視するような争点を国民の間に広め，大政党によって提示された政策に不満をもつ市民の政治的発言手段として作動する」(Rosenstone, Behr, and Lazarus 1996: 221) と指摘され，たとえ運動が大政党に何らかの影響を及ぼしたとしても，その影響は第三党をつうじた間接的なものであったということになろう。

　運動と政党の関係が十分に論じられてこなかったもう 1 つの理由に，運動がかなり早い時期から団体を結成し，政党を介在することなく利益団体としての活動を展開してきたという事実がある。アメリカにおいては，南北戦争が終わり，都市化と工業化が進み始めた 1860 年代より，団体の結成が相次ぎ，政治その他の手段をつうじて自らの利益を擁護し増進しようとする活動が一般化した。以来，ほとんどすべての社会領域の利益が全国または地方レベルで組織化され，全国的な規模で活動する団体は，首都ワシントンに事務所を設置し，ロビイングをつうじて連邦議会議員や連邦政府官僚に直接圧力を行使し，またメディアにより国民に働きかけることをつうじて間接的に連邦議会議員や連邦政府官僚に影響力を及ぼそうとしたのである (内田 1980: 86)。

　このような団体活動の偏在性・優越性は，アメリカ政治学における利

益団体研究の発達にみることができる。アメリカでは1908年にベントレー (Arthur F. Bentley) により集団研究の重要性が指摘されて以来，政治過程における団体活動の研究が続けられ，第二次世界大戦の終了直後に，それは利益団体研究という政治過程論の1分野に成長した。利益団体は政治行動と政策形成の主要アクターとして主要な研究対象となり，トルーマン (David B. Truman)，ローウィ (Theodore J. Lowi)，ダール (Robert A. Dahl) など大きな影響力をもつ研究者の著作の多くが利益団体に焦点を合わせた。そして，1950年代から1960年代の初頭にかけての多元主義が支配的な見方となっていた時期には，「団体は安全で自己矯正的でデモクラシーに貢献」し，また，脅かされると自動的に自身を擁護するために利益は自動的に台頭するという意味において「代表的」と主張された (Crotty 1991: 99, 101)。これは，1950年代から1960年代の初頭にかけてのアメリカには，団体がロビイング活動をつうじて要求を政府に伝えるチャネル (利益団体システム) と，政党が選挙をつうじて要求を政府に伝えるチャネル (政党選挙システム) という2つの異なるチャネルが併存していたことを意味する。

　とくに団体と大政党との関係を考える上で重要なのは，アメリカにおいて設立当初から多くの団体は「政治から距離をおく (keeping out of politics)」という姿勢をとっていた点である。全国農民共済組合 (National Grange)，アメリカ軍人団 (American Legion)，アメリカ労働総同盟 (American Federation of Labor: 以下，AFLと略す) などはそのような立場を取る代表的な団体であり，たとえばAFLの創設者ゴンパーズ (Samuel Gompers) は，1895年の大会で「民主党であろうと，共和党であろうと，社会党であろうと，人民党であろうと，禁酒党であろうと，あるいはその他の政党であろうと，政党政治はAFLの大会において，いかなる地位を占めてはならぬ」と宣言し，また，1899年の大会では「AFLの原則綱領への賛意をおおやけに表明する候補者は，党籍のいかんにかかわらず支持されよう」と明言した (内田 1980: 88)。

トルーマンによれば，「特定の政党組織またはグループへのコミットメント，とくに公然のまたは継続的コミットメントを避けることが，利益団体政治の特徴である」(Truman 1951: 296)。団体がそのような行動をする第1の理由は，アメリカの憲法の正式手続き，とくに政府構造のすべてのレベルに存在する連邦制と権力分離のもとでの権限の分布にある。

まず，連邦制が存在すると，全国規模の団体は50以上の異なる管轄地域に関心をもたなければならず，また，連邦レベルで，ある団体が一方の大政党と完全に同一の政策立場をとった場合，もし他方の大政党がワシントンで政権の座に就くと，その団体は不利な立場におかれるだけでなく，他方の大政党が支配的な州では同党へのアクセスを失うことになる。さらに，政党規律はほとんど存在せず，立法決定が厳格な政党線に沿って行われることはないので，いかなる政党であっても友好的な議員を探すことが必要になる。

次に，権力分離も団体に同様の効果をもつ。一方において，大統領の所属政党と議会両院の多数党が異なる (分割政府) の場合，団体は一方の大政党だけに票を投じても得るものはない。他方，大統領の所属政党と議会両院の多数党が同一 (統一政府) の場合であっても，政党規律は弱いので，多数党と同一の政策立場を取る団体は，そうすることから特別な利益を受けることはない (Truman 1951: 296-297)。

利益団体が党派政治から距離をおく第2の理由は，特定集団の内部過程と政治過程における戦略的立場の問題である。第1に，団体メンバーが選挙過程にもつ認識は個人ごとに異なり，アメリカ人は一般に党派性に否定的な感情をもつと考えられている。第2に，個人の党派性は多様であり，早期に形成されると同時に，将来にわたり継続するので，党派性 (の強調) を単なる戦略と認識しない限り，政党線に沿った分断を招く。第3に，支援する政党が選挙に敗れたときのリスクは大きいので，最初からある程度両党派性をもっている方が安心である (Truman 1951: 297-305)。

とくに最初の理由は重要である。すでに論じたように，アメリカの権

力分離制と連邦制に由来する政党機構の分権性，分割政府の存在，議会内の政党規律の低さはアメリカの大政党の特質であり，その結果として団体は「(党派)政治から距離をおく」という行動様式を発達させ，必要なら両大政党の所属議員に接近することになったということになる。したがって，アメリカの運動・団体の大政党との関係の薄さは，アメリカの歴史と制度に由来するものと考えることができる。

もっともアメリカにおけるすべての団体が歴史的に党派政治から距離をおいていたわけではない。また，実際にも，1947年のタフト・ハートレー法 (Taft-Hartley Act) の制定をめぐり，団体の党派化が進んだ。このとき，雇用主と労働者の責任の平等化を規定する同法を，共和党は労使の均衡を回復するものとして支持したのに対して，民主党は「奴隷」労働法であると批判した。同法の成立をめぐり経営者団体と労働者団体は真っ向から対立し，それぞれ共和党，民主党との提携を一段と強化したのである (内田 1980: 93)。

ところで，アメリカにおいては，これまで運動と大政党の関係を積極的に捉え直そうとする試みがまったくなかったわけではない。数少ない試みの1つとして挙げられるのが，ベア (Denise L. Baer) とボジティス (David A. Bositis) が1988年に刊行した『エリート幹部と政党連合：政党政治における市民の代表』である。彼らは本書の中で，大政党，とくに民主党と運動の関係に注目し，民主党における改革を〈運動を積極的に受容する〉という観点から評価しようとした。

1950年代中頃から1970年代中頃までの20年間は，公民権運動，女性解放運動，学生運動，反戦運動など多くの社会運動が活性化した時期であった。アメリカにおいて，かつてこのような抗議運動は第三党をつうじてその要求を政治過程に表出した。しかし，19世紀末のオーストラリア型投票用紙の採用と州法による政党規制の拡大により，第三党の組織化が難しくなった結果，運動は「連邦政府を社会変化を受容するポジティブな勢力」とみなす民主党に目を向け，その活動を民主党に集中し

た。そして，民主党は全国党大会代議員選出ルールの変更をつうじてこれらの運動に対応し，かつての閉鎖的な政党システムを開放し，これらの運動の党内決定過程への参加を拡大した (Baer and Bositis 1988: 50-52, 69)。

民主党による運動への対応を評価した後，彼らは，政党理論に社会運動理論を組み込み，新しい政党理論——デモクラシーの政党エリート理論 (party elite theory of democracy) ——を構築することを提案した。政党と社会運動はともに，圧力団体システムから離れた集団代表の手段であり，新しい理論の中核は，新しいエリートの形成または補充をデモクラシーの本質と定義する点である。一方において，政党エリート幹部（公職者の政党）は，政策提示をつうじて大衆メンバー（選挙民の中の政党）に対応するものの，少数者支配に向かう傾向がある。他方において，社会の外集団エリート (social out-group elite) は社会運動に訴え，政党から認知されることを求める。したがって，「政党改革はエリート政党の少数者支配に対する解毒剤として役立つ」のである (Baer and Bositis 1988: 2, 93)。

しかし，彼らは，アメリカにおける大政党と運動の関係がかつてと大きく変わったことを理解していたにもかかわらず，研究の方向を社会運動が政党システムをどのように変化させるのかという疑問にではなく，民主党改革に対する批判への異議申し立てに向けてしまった。当時は多くの政党研究者は，1) 忠実な政党支持者以外のアマチュアの大きな影響力，2) 政党活動におけるファクションの形成，3) 大統領候補者指名におけるファクションの不釣り合いな影響力を民主党改革の効果と批判した (Baer and Bositis 1988: 130-131)。そこでベアとボジティスは，1980年および1984年の政党エリート調査 (Party Elite Study) に基づき，代議員の顔ぶれの変化は，民主党改革（規則変更）の結果ではなく，社会運動に対応した結果であると指摘した (Baer and Bositis 1988: 129)。

当時はアメリカの政党および政党システムをめぐる議論が，アメリカ政党は弱体化しているのか強化されているのか，政党は衰退しているのか否かという論点に集中していたので，政党研究者の関心がアメリカ政

党および政党システムの現状確認と民主党改革の評価に向かったのは十分に理解することができる。また，1990年前半は，クリントン大統領が民主党のイメージ転換を図り，政党支持者の比率も少し高まるなど，政治が相対的に安定していた時期でもあり，まさに十数年後に，社会福祉，人工妊娠中絶，移民，環境などの主要政治争点において社会内で意見対立が激化し，それが2大政党の対立に反映されるとは，誰も想像することはできなかったであろう。

2. 運動研究と政党研究の最近の接近

それでは，これまでさほど密接ではなかった運動研究と政党研究がなぜ最近になって接近するようになったのであろうか。それを検討する前に，運動研究と政党研究の関係をみておこう。

歴史的にみると，運動は歴史学者，社会学者，政治学者の共通の研究対象であったものの，研究には学問領域の壁が存在した。まず，一方において，これまで政党は政治学者の研究領域であり，運動は社会学者の研究領域とみなされてきた。他方において，たとえ運動が社会学者と政治学者の両者によって研究されるとしても，社会学者は運動の現象学，すなわち起源と運動対話に集中し，政治学者は運動の発生よりも抗議運動の波が選挙に及ぼす効果に関心をもっていた (Tarrow 2021: 9)。

また，運動研究には独自の事情と論理があり，その結果，運動研究は政党研究から距離をおくことになった。社会運動論と比較政治を専門とするタロウ (Sidney Tarrow) によると，両研究が疎遠であったのは，次の理由からである。第1に，アメリカにおいて運動研究はかつて主としてマルクス主義研究者によって遂行され，そこでは政治は社会の上部構造とみなされた。第2に，運動は戦間期にヨーロッパから亡命した学者によって研究され，運動は危険なものとみなされ，また，そこから運動を手に負えない群衆行動の外縁とみなす「集合行動 (collective behavior)」アプ

ローチが出現した。そして，第3に，1960年代には左翼系の運動研究が出現し，政党は運動を押さえ込む批判すべき保守的制度とみなされた（Tarrow 2021: 11）。

　さらに，政党研究者の間でも運動は主要な研究の対象にならなかった。第1に，1960年の『アメリカの投票者』の出版以降，選挙研究ではサーベイリサーチに基づく分析が支配的な方法論となり，同様の方法論が運動の研究にも応用された。その結果，一部の研究者によってサーベイリサーチに基づく抗議行動と投票行動の比較分析がなされたものの，両者にそれ以上の研究上の接近はなかった。第2に，政党研究においては記述型研究，行動科学に基づくアクター分析に加えて，ダウンズ（Anthony Downs）やオールドリッチによる合理的選択論や社会選択理論に基づく公職者中心政党モデルが重視され，ますます研究者の関心は運動から離れるようになった（Tarrow 2021: 12）。

　その後，1990年代になると，ダウンズやオールドリッチの公職者中心政党モデルに対抗して，新しい政党モデルの模索が始まった。たとえば，カリフォルニア大学ロサンゼルス政党学派（UCLA school）と呼ばれる研究者たちが新しい政党モデルの開発に取り組み，2012年に新しい政党分析の枠組みを提示した。それによると，政党とは，物質的自己利益から高邁な理想に至るまで，特定目標の実現のために政府を利用しようとする「利益集団と活動家の連合」である。これらの政策要求集団の連合は，相互に受け入れられる政策のアジェンダを開発し，当該プログラムへの支持を表明した候補者を指名し，これらの候補者を公職に選出するために働く。そして，この集団中心政党枠組みにおいては，候補者は，もし連合によって選出されるなら，政党プログラムの実現を自身の最重要の目標とみなす（Bawn, Cohen, Karol, Masket, Noel, and Zaller 2012: 571）。

　この研究枠組みは，アメリカの大政党が多様な利益の連合であるという事実を反映し，候補者を（公職者の）政党と利益集団を結びつけるアクターに位置づけたという点では注目すべきであったものの，運動は研究

対象に含まれていなかった。というのは、利益集団は相互の取引と妥協を当然のこととみなすので連合形成が容易となるのに対して、運動はイデオロギー使命と集団アイデンティティでまとまり、妥協を裏切りとみなすので、連合形成は難しくなると考えられるからである (Tarrow 2021: 13)。このような点からみると、先ほど論じたベアとボジティスの研究は、政党の運動への対応を新しいエリートの補充とみなした点で注目に値する。

　さて、1990年代後半以降、とくに2000年代に入ると、こうした状況は大きく変化した。まず注目されるのは、多様な運動が活性化し、政府にさまざまな政策要求をするようになった点である。1960年代および1970年代を特徴づける公民権運動、女性解放運動、学生運動・反戦運動に加えて、1980年代以降、人種、移民、ジェンダー、セクシュアリティを論点とした平等化・多様化を求める運動が続いた。オバマ政権がアメリカにおける人種の平等化と人種多様性の価値化を進め、さらに移民やLGBTQなどの平等、医療保険改革などの社会福祉政策を進めると、それに不満をもつ白人層の抵抗が始まった。キリスト教右派、反移民勢力に加えて、これまで社会の周辺部に潜伏していた白人至上主義者、イデオロギー的極右勢力、ナショナリストなどが動員され、これらの勢力がトランプ政権を誕生させた。

　重要なのは、このように運動が活性化し、広範な領域に拡散した結果、アメリカ社会の様相が大きく変わったことである。マイヤー (David S. Meyer) とタロウは、これを「運動社会」の到来と呼び、それを次の条件を満たすものとした。第1に、社会的抵抗が政治生活の散発的な要素から永続的な要素に変わった。第2に、抗議行動がより頻繁により多様な構成単位によって用いられ、より広範な主張を代表するために使われてきた。そして、第3に、専門化と制度化により、論争的な主張の伝達手段であった社会運動が、従来型政治領域内の道具に変わった (Meyer and Tarrow 1998: 4)。

そして、「運動社会」の到来とともに、「新しい混合型の活動主義形態の空間が伝統的政党の内部および境界線上に創造」され、その内部では新しい活動主義形態が候補者に政党から独立して活動することができるインフラストラクチャーが提供された。その結果として登場したのが、「政党の部分的運動化」であった。ここで、運動は、短期的に 1) 選挙運動に影響力を及ぼすために新しい論争の集合活動を採用する、2) 選挙連合に加わる、3) 対抗的運動を誘発するという特徴をもち、長期的に、政党と運動が相互に作用しあうことになる。その結果、反乱者に対応する政治システムの頂点から草の根に至るまで、政治の分極化が浸透することになった (Meyer and Tarrow 1998: 6-7)。

　要するに、運動研究と政党研究が接近する背景には、このような変化があった。政党がエリートの選好または利益集団の産物とみなされる限り、政党と運動の相互作用が主要な研究の対象にはなることはなかったものの、アメリカが「運動社会」に到達し、社会の分極化が激化した結果、運動研究と政党研究の両研究領域を 1 つにまとめるルートが開かれ (Tarrow 2021: 22)、政党と運動の相互作用が主要な研究対象となるに至ったのである[1]。

3. 運動を起源とみなす政党システム変化の研究

　このように政党と運動の相互作用が主要な研究対象となる中で刊行されたのが、シュロツマン (Daniel Schlozman) の『運動が政党を固定するとき：アメリカ史における選挙編成』(2015 年) である。本書はただ単に政党運動関係を重視しただけでなく、運動を起源とみなす政党システム変化に真正面から取り組んだ注目すべきものである。彼によると、本書の目的は「社会運動の決定的な役割を強調しつつ、南北戦争から現代に至るまでの政党発展を理解するための新しい枠組みを提示する」(Schlozman 2015: 3) ことにある。

まず彼は運動と政党の関係を理解するための予備的考察から始める。運動と政党はそれぞれ同盟を結ぶ誘因をもっている。一方において，運動は，特定政策を実現しまたは社会を変革するため，3つの選択肢の中から1つの選択を迫られるような状況に直面する。1) 独立の政党を結成する。2) 2大政党の間で中立を保ち，利益団体として選好政策の実現を目指し，同情的候補者の指名と選出をめざす。3) 一方の大政党に参入して大政党連合の要素となり，党内で運動に対する影響力を獲得するために交渉力を利用する。3つの選択肢のうち段階を上がれば上がるほど，運動にはリスクがともなうものの，影響力を行使する機会は大きくなる。他方において，政党は議会で多数派を維持し，あるいは多数派を獲得するために，多様な資源の動員をする必要に迫られる (Schlozman 2015: 14, 16-17)。

ところで，運動と政党が潜在的な同盟パートナーであるとしても，同盟関係が自動的に成立するわけではない。一方において，政党が社会運動との持続的同盟を形成し，それを維持することができるのは，次の2条件が満たされる場合である。

1) 党内の勝利連合が，政党は運動を取り込むことによって持続的な選挙多数派を達成することができると認識する。党内のすべてのアクターが細部について合意することはなく，むしろ政党には，選挙勝利を可能にする連合形成の複数の代替案が歓迎される。
2) 政党が運動に対価を支払うためには，政党は，運動が票，資金，ネットワークなど政党に入手できない資源をコントロールすると信じる。ここでは，草の根の支持者，活動家，エリート仲介者などの活動を1つにまとめるような，運動側の真剣な組織構築が前提となる。

他方において，運動は，政党に票，資金，ネットワークなどへのアクセスを提供するのと引き替えに，政党から自身の社会変革要求への譲歩を引き出そうとする。これには，政策（イデオロギー・パトロネジ），重要な人事やポストに対する拒否権，支持者への公的な勤め口，評価と名声，

現行政策へのアクセスなどが含まれる。

　要するに，政党が運動と同盟を形成するのは，1) 政党エリートと運動エリートの勝利連合が相互に優先順位の多くを受け入れ，2) 連邦議会と大統領候補者指名における政党の優先順位をめぐり，政党の長期的なイデオロギー軌道を方向づけし直すような正当な拒否権を運動が行使することができる場合であり，これは政党と運動の両者にとって相互に有益な交換関係である (Schlozman 2015: 14, 15, 18)。

　次は交渉段階である。ここで重要になるのが，固定化グループ (anchoring group) の存在とその活動である。固定化グループとは，「大政党と同盟するために先行的に自立的な活動をする組織化されたアクター」を指し，それらは，単に票と便益の交換 (logrolling) や馴れ合いではなく，その運動と連合を形成することによりなぜ選挙で多数派を達成することができるのか，なぜ政党にとって望ましい政策を形成することができるのか，なぜそれが政党の長期的なイデオロギー理念の発達にとって有用であるのかを政党に説得する任務をもっている (Schlozman 2015: 3)。

　最終的に党内で同盟を形成するか否かを判断するのは，政党連合内部で勝利連合の中核となるアクター（ピボタル・プレイヤー）である。その勢力は，運動との同盟を支持する勢力と運動との同盟に反対する勢力の間に立ち，同盟を形成するか否かの決定を下す。そして，政党のリーダーが，1) 運動が政党の利益を損なうことはない，2) 選挙での多数派の獲得を助ける，という条件のもとで同盟を承認する (Schlozman 2015: 28-29)。ただし，運動が政党から同盟形成の合意をえるためには，自身が独立し組織化能力が高いことを示す必要がある。政党に票，資金，ネットワークを提供するための組織構築は，対面型個人組織に基礎をおく草の根ネットワークをもち，それらを1つにまとめて全国政治に発言することができなければならない (Schlozman 2015: 33)。

　最後は同盟の継続である。政党と運動の同盟が形成され，選挙勝利の後，同盟が動き始めると，連合形成と組織維持を継続しようとする作業

の中で,社会変革を求める過激な主張は影を潜め,同盟内のその他のパートナーの中から,現在の便益を維持したいという動機が形成される。その結果,同盟を放棄するのではなく,内部から他のアクターの政策を変更しようという試みがなされる (Schlozman 2015: 41)。アメリカには永続する多数派は存在しないので,混乱が沈静化し,政治が「正常化」すると,政党と運動はその関係を繰り返し交渉し直す。政党と運動の同盟関係は,争点ごとの政策フィードバックではなく,長期的なイデオロギー・フィードバックをつうじて維持される (Schlozman 2015: 42)。

このようなモデルを提示した後,シュロツマンは奴隷制廃止運動 (Abolitionism),ポピュリズム (Populism),労働運動 (Labor-CIO),ベトナム反戦運動 (Anti-Vietnam War),キリスト教右派 (Christian Right) の5つの運動を取り上げ,この枠組みに照らして,政党の勝利連合のリーダーの活動,運動リーダーの活動,仲介者の存在と活動,同盟の維持を観察して,それらの運動が政党に取り込まれたのか否か,同盟が定着したのか否かを検討する。そして,彼は労働運動とキリスト教右派の2つの運動が政党と同盟を形成しそれを維持することができた成功事例であったことを論証する。表 4-1 はその要約である。

表 4-1　党派支持,運動能力,同盟

同盟	政党内の同盟の強度	独立運動能力	帰結
奴隷制廃止運動	中 (1868) それ以降,低	中 (1868) それ以降,低	取り込まれたものの,定着せず
ポピュリズム	低	高 (1892) それ以降,低 (1896)	取り込まれず
労働運動	高	高	取り込まれ定着
ベトナム反戦運動	低 (1968) それ以降,高 (1972)	中 (1968) それ以降,低 (1972)	取り込まれず
キリスト教右派	中	高	取り込まれ定着

出典) Schlozman 2015:19 より。

労働運動と民主党との同盟形成は，次のように説明される。かつて労働運動は職能別労働組合が中心であり，AFL によって主導された。AFL は，自力による労働条件の改善（voluntarism）をめざし，国家が負担する年金や失業保険には反対した（Schlozman 2015: 53-54）。大恐慌後，ローズヴェルト政権のもとで 1935 年 7 月に，全国労働関係法（National Labor Relations Act）が制定された。同法は最低賃金，最高労働時間，労働者の団結権と代表者による団体交渉権を保障し，不当解雇や差別待遇を禁じており，これを契機にアメリカで労働運動が活性化した。AFL の大会で新組織設立提案が否決された後，鉱山・衣料労働者は総同盟を離脱して，新しい産業別組合会議（Congress of Industrial Organizations：以下，CIO と略す）を結成した。CIO の目的は，「階級連帯（class solidarity）」であり，石炭，鉄鋼，自動車，化学，電気など産業別組合が相次いで設立された（Schlozman 2015: 60-62）。

CIO は，1936 年にローズヴェルト再選のために労働者非党派連盟（Labor's Non-partisan League）を設立し，大統領選挙に多額の政治資金を調達した。また，CIO は黒人の労組加入を承認し，彼らを役職に就けながら組織化を進め，民主党内での勢力の拡大を図った。さらに，1943 年に労働組合が公選候補者に直接的に政治資金を寄付することが禁止されると，同会議は政治活動委員会（CIO-PAC）を設立し，以来，同政治活動委員会が民主党候補者のために不可欠の選挙運動組織となった（Schlozman 2015: 67, 71-77）。

こうしたプロセスを経て，アメリカにおける労働運動の少数派として始まった運動は，民主党内で少しずつその地位を固めていった。CIO を中心とする労働組合と民主党が同盟することを都市リベラル勢力は強く支持し，南部保守派は強く反対したものの，北部マシーン勢力がピボタル・プレイヤーとして同盟の形成を強く支持した（Schlozman 2015: 29）。CIO はアメリカの労働組合理念を「職能別組合主義」から「産業別組合主義」に変更し，民主党に経済的・人種的リベラリズム政策を定着させた

(Schlozman 2015: 45, 75)。1955 年に CIO は AFL と合同し，民主党と同盟する主要勢力となった。

　キリスト教右派と共和党の同盟形成は，次のように説明される。1960 年代よりアメリカでは保守化の兆しが少しずつみえ始め，ニューライトと呼ばれる活動家が「保守」をアメリカの多数派にすることを目指した。1970 年代初頭にサンベルト地帯に居住する白人福音派が保守政治に加わったことを知り，ニューライト活動家は「減税とリベラル官僚批判」を訴えて，白人福音派を政治化しようと試みた。最初は，人種差別的な宗教系学校への非課税措置を制限する国内歳入庁のルール変更提案を争点として福音派を刺激し (Schlozman 2015: 78-80)，1978 年になると，1973 年の連邦最高裁判所のロー対ウェイド判決という争点をカソリックとプロテスタントからなる保守連合の投票者をまとめる接着剤として利用した (Schlozman 2015: 103-104)[2]。そして，1979 年に，バプティスト派牧師ファルウェル (Jerry Falwell) がモラルマジョリティを設立し，クリスチャン・ボイスなどその他のキリスト教団体とともに，福音派の動員を図った (Schlozman 2015: 95)。

　他方，1968 年にロムニー (George Romney) 元ミシガン州知事やロックフェラー (Nelson Rockefeller) 元ニューヨーク州知事が大統領候補者指名競争で敗れた後，共和党では穏健派政治家が姿を消し，党内が混乱する中でリーダーが分散化したため，連合ブローカーの活動の余地はなくなった (Schlozman 2015: 79)。また，1964 年の大統領選挙でゴールドウォーター (Barry Goldwater) が敗れた後，穏健派の全国委員会スタッフが一掃され，すでにここにニューライト勢力が入り込んできた (Schlozman 2015: 83)。さらに，1978 年の中間選挙でギングリッチ，ハイド (Henry Hyde) などのニューライトの政治家が当選すると，共和党内では，彼ら保守派中心に党建設が開始された (Schlozman 2015: 81)。

　そして，ニューライトの運動と共和党の橋渡し役を演じたのが，ヴィグリー (Richard Viguerie)，バイリック (Paul Weyrich) らの「政治起業家 (political entrepreneur)」であった。とくにヴィグリーの役割は大きかった。彼は1960年代に福音派の団体ヤング・アメリカンズ・フォー・フリーダムで事務局長を務めた後，同団体の会員名簿とゴールドウォーターへの献金者名簿をコンピュータで合体させ，保守派の掘り起こしと動員の効率化を図った。また，彼は自身でダイレクトメール管理会社を経営する一方で，ダイレクトメールの集中的利用をつうじて保守派投票者を動員した (Schlozman 2015: 83-85)。

要するに，政治的に覚醒した福音派以上に，福音主義の外部の政治起業家が，白人福音派をアメリカの保守主義のその他の勢力と両立しうる政策優先順位をもつ組織運動に組み込んだ (Schlozman 2015: 77) という点で，これは特異な事例である。共和党では，大きな抵抗なしにキリスト教右派との同盟が受け入れられた。保守派がほどほどに支持し，穏健派の反対は弱く，大企業がピボタル・プレイヤーとして同盟を強く支持した (Schlozman 2015: 29)。キリスト教右派との同盟は，共和党のイデオロギーを保守主義 (伝統的道徳の回復，アメリカの利益の擁護) に向けたものの，文化的リベラリズムを押し戻そうという試みはいまだに成功していない (Schlozman 2015: 45, 79)。

このようにして起こった大統領選挙における共和党優位の時期が，政党システムの再編成理論の研究者により「分割レベル再編成」と指摘されたものである (本書第3章47頁)。

なお，運動が政党に組み込まれず，党内に定着しなかった事例は，次のように説明される。まず，奴隷制廃止運動は，奴隷制廃止と解放された者の労働条件の改善という2つの目的をもっていた。運動は共和党に取り込まれ，第1の目的を達成したものの，第2の目標は北部企業から強く反対され，党内での運動は衰退した (Schlozman 2015: 121-126)。次に，ポピュリズムは，基本的に農民の大企業に対する異議の申し立てであり，さまざまな大衆運動を展開し，1892年に人民党を結成したものの，民主党内にはこのような農民運動を支持する勢力はいなかった。1893

年の不景気の後，銀の価値を元に戻したい銀採掘企業は民主党に接近し，それまでの運動連合が崩壊した (Schlozman 2015: 109-110, 121-126)。さらに，ベトナム反戦運動は 1968 年には一部の民主党議員から支持が表明され，党大会では活動家が要求する代議員選出ルールの改革が認められたものの，民主党は運動を受け入れなかった。1972 年になると，反戦運動は分裂し，新ルールを利用して大統領候補者に指名されたマクガヴァン (George McGovern) 上院議員は，運動リーダーを介することなく，直接的に投票者を動員しようとした (Schlozman 2015: 121-126)。

それでは，なぜ 19 世紀ではなく 20 世紀に入ってから運動を起源とする政党システム変化が起こったのか。シュロツマンによれば，かつて政党が選挙資源を独占していたとき，運動は政党の内部に入り込むことができず，第三党運動に向かった。1896 年以降，政党競争が衰退し，運動は新しい組織形態を取るようになり，利益団体活動に集中した。1960 年代以降，選挙民の政党支持態度が弱体化する中で，政党は運動に支援を求めるようになり，さらに 1970 年代以降の候補者中心選挙運動の台頭の中で，さらに運動に取り込む努力を開始した (Schlozman 2015: 22-26)。

一見すると，1930 年代中頃に CIO が民主党に組み込まれたという事実は，この説明に反している。しかし，当時，アメリカの労働組合の組織原理と行動様式が大きく変化し，CIO が民主党に新しい選挙運動マシーンを提供した——それまで北部都市の政党マシーンがもっぱら民主党の選挙運動を支える主要な勢力であった——ことを考えると，民主党が CIO を受け入れたことは十分に理解することができる。

4. 政党システム変化 (再編成) の新しい見方

やや時間がかかったものの，政党システム変化の起源を運動に求めようとする研究が現れてきたのは，歓迎すべきことである。とくに政党と運動は同盟の潜在的パートナーであるという視点から，シュロツマンは

各政党システムの形成と運動の関係をきわめて詳細に分析した。その結果として，これまで一般的な時期区分の性格が強かった各政党システムの形成過程をより詳細かつ動態的に理解することが可能になった。

　シュロツマンの理論を評価するにさいして重要なのは，彼がアメリカに伝統的な再編成理論を否定してはいないという点である。むしろ，彼は再編成理論はそのグランドデザインにおいて「選挙結果と政党が取り組む基本争点の両方を説明しようすることにあった」と評価している。しかし，問題は研究者の注目点にあった。30年間，研究者は前者の「選挙結果」だけを強調し，アメリカの政党システムを候補者と選挙の視点から検討してきた。しかも，どの大統領選挙が再編成選挙なのかを特定化する試みは，もはや学界から支持されていない(Schlozman 2015: 20)。

　そこで彼は再編成理論のもう一方の側面である「政党が取り組む基本争点」を取り上げ，党派編成の起源が運動にあるという点から政党発展を解釈し直そうとする。編成(alignment)とは，連合的利益に根ざす政党の競争立場のことであり，1850年代以降のすべての再編成において，潜在的な固定化グループが過激な変化を求めて政治に参入しようとした。そのときの政党の競争立場が，ある争点に沿った抗争を優先または阻止し，また一部の対立線に沿った分裂を許容してしまう。こうして政党の競争立場が，政党システムに代表される（もしくは代表されない）理念と利益を定義するのである(Schlozman 2015: 21)。

　これが意味するのは，アメリカの政党システムの変化を考察する場合，「選挙結果」と「政党が取り組む基本的争点」の両方の分析が必要であり，選挙分析と運動分析は相互補完的でなければならないということであろう[3]。

　もっとも，選挙分析と運動分析を組み合わせることはそう簡単ではない。たとえば，もし運動が大政党に取り込まれて同党の政策アジェンダが変更されたとするなら，まずそれは連邦議会における議員投票の連合パターンの変化に現れる可能性が高い。次にそれは選挙民の間での投票

パターンの変化として現れるであろう。したがって，これらの動きを総合的に捉え，政党システムの変化（再編成）を多面的に理解するためには，さらなる研究方法の精緻化が求められる。しかし，これまでの知見に基づき，アメリカにおける政党システムをいくつかのタイプに分けることができる。**表 4-2** は，政党システムの名称と時期，変化の原動力，運動‐政党関係，動員ネットワークの有無，政党を取り巻く環境を暫定的にまとめたものである。

　第 1 次・第 2 次政党システムは，公職者（大統領と連邦議会議員）主導の再編成であった。これらをタイプ A と呼ぼう。これらの政党システムでは，選挙民の数が少ないだけでなく，選挙民は固定的な政党支持態度をもっていなかったので，成立時の争点や政党対立軸が明確であったとしても，政治家が交代し，または問題が解決されると，政党間の対立関係が弱まり，次の政党システムが出現する前に政党間対立が形骸化した。たとえば，第 1 次政党システム（1801-1828）においては，連邦派とジェファーソン派（民主共和派）が競争したといわれるものの，連邦派は 1816 年選挙を最後に消滅した。第 2 次政党システム（1829-1860）においては，民主党とホイッグ党が競争したといわれるものの，ホイッグ党が結成されたのは 1834 年であり，1952 年選挙の敗北の後，同派は消滅した

表 4-2　政党システムの特徴と政党を取り巻く環境

名称と時期	変化の原動力	運動‐政党関係	動員ネットワークの有無	2党システムの制度化の程度	大政党による選挙運動資源のコントロールの程度
第 1 次：1800 年代	公職者の政策選好	−	−	−	−
第 2 次：1820 年代	公職者の政策選好	−	−	−	組織化
第 3 次：1860 年代	運動（奴隷制反対運動）	取り込み	−	−	組織化
第 4 次：1890 年代	運動（農民運動）	取り込み	−	採用	独占
第 5 次：1930 年代	運動（労働運動）	定着	あり	完成	独占
第 6 次：1980 年代	運動（キリスト教右派）	定着	あり	完成	競争

（Hershey 2021: 17）。

　第3次・第4次政党システムは，運動が変化の起源である。これらをタイプBと呼ぼう。これらの運動は特定政策の実現を目指し，大政党に広範な動員ネットワークを提供しなかった。したがって，問題が解決されると，その運動の大政党内の影響力は低下した。たとえば第3次政党システム（1861-1896）においては，当初，共和党が選挙で優位であったものの，1877年の妥協[4]の後，連邦下院では民主党が多数党となり（本書第2章31頁），ここから「堅固な南部」という伝統が始まった。第4次政党システム（1897-1932）においては，第一次世界大戦と第三党運動（革新主義）の影響により共和党議員のまとまりはなくなり，1920年代に入ると，連邦下院の政党投票の比率はいちじるしく低下した（Reichley 1992: 242; Stanley and Niemi 2015: 209）。

　第5次・第6次政党システムは，広範な動員ネットワークをもつ主要な運動が大政党に取り込まれ党内に定着した事例である。これらをタイプCと呼ぼう。第5次政党システムにおいては，労働組合（CIO）が民主党と同盟し，労働組合が同党の利益連合の主要なメンバーとなった。この時期より連邦議会議員の間に保守連合という特異な投票連合が存続したものの，1960年代にニューディール連合の「崩壊」が指摘された後でも，労働組合は主要な組織基盤として民主党を支えた。また，第6次政党システムにおいては，キリスト教右派が共和党と同盟し，その後の共和党議員の議席拡大に貢献した。

　また，これらの政党システムのタイプと政党を取り巻く環境は決して無関係ではない。主要な運動が大政党に接近し同盟を形成したのは，2党システムの制度化が進み，第三党運動の組織化が難しくなった後である。さらに，1970年代以降の候補者中心選挙運動様式が台頭する中で，運動が広範な動員ネットワークを提供しうるか否かが政党と運動の力関係を変化させた。労働運動が民主党と同盟を形成した1930年代には，大政党が選挙運動資源を独占していたものの，1970年代以降は，労働

組合の動員ネットワークは民主党にとって不可欠の存在になった。また，共和党では，1970年代末のキリスト教右派との同盟形成において，最初からその集票ネットワークの役割が期待された。

したがって，時間の経過とともに，アメリカの政党システムの変化の原動力が公職者の政策選好から運動に変わってきたことは明らかであろう。さらに，運動が大政党に組み込まれ党内に定着すると，大政党の利益連合の性格も変化した。一方において，主要な運動がその要求を政党と共通する政策優先順位に変換し，それに基づいて選挙で支持者を動員することができるので，その大政党は持続的かつ安定的に活動することが保障される。他方において，そのような大政党と主要な運動の同盟は両者に共通する政策優先順位を固定させ，そのために支持者を動員する能力をもつので，政党システムが新しい政治経済環境に対応して変化し，または再編成を行うことが難しくなる。これが現在のアメリカにおける政党システムが直面する硬直化という問題状況である。

注

1　運動からアメリカ政治を理解しようとした主要な研究には，タロウを中心とする研究者による「論争の政治（contentious politics）」の概念の提示とそれに基づく研究，ミルキス（Sidney M. Milkis）とティチェナー（Daniel J. Tichenor）による運動と大統領との関係についての研究がある（Milkis and Tichenor 2019）。

2　1970年代のキリスト教右派を政治化させた要因として，連邦最高裁判所の1973年のロー対ウェイド判決，平等権修正をめぐる対立，同性愛者の権利を制限する試み，人種差別的な宗教系学校の非課税措置を制限する国内歳入庁のルール変更提案があり，すべての事例においてニューライトの活動家が注意深く認知枠組みを構成し，論争立場を表明し，家族重視理念を提示した。さらに，パナマ運河条約の反対，カリフォルニア州における税金反乱，労働立法改革の阻止活動は，ニューライトの全国的認知度を高めた。これらの抗議運動もヴィゲリーのダイレクトメール戦略のもとで展開された（Schlozman 2015: 87-89）。

3 もっとも，シュロツマンの研究には批判がないわけではない。たとえば，タロウはシュロツマンの研究を次の3点から批判している。第1に，政党と同盟を結ぶことが運動の目的であると運動の使命を狭く捉えている。これはアメリカ的な見方であり，すべての運動が政治的目的をもっているわけではない。第2に，彼のいう固定化メカニズム (anchoring mechanism) には曖昧な部分があり，運動-政党関係の中で何 (誰) が「錨 (アンカー)」であり，何 (誰) が「船体 (ship)」であるかが分からない。第3に，運動と政党の関係を形成する特定の制度配置の役割にほとんど注意を払っておらず，執政部に権限が集中した結果，運動の努力は政党ではなく行政国家に向けられている (Tarrow 2021: 19)。もしこれらの批判に答えるとするなら，次のようになろう。第1に，シュロツマンは政党と運動は潜在的に同盟パートナーであると前提しているものの，彼が分析の対象としたのは，政党と密接な関係をもつとみなされてきた主要な運動だけである。第2に，確かに固定化メカニズムには曖昧な部分があるものの，これは研究対象となる事例がそれぞれ独特な性格をもつことと無関係ではない。そして，第3に，現在，確かに運動の努力は行政国家に向けられる傾向があるものの，アメリカでは運動が政党を軽視できない理由がある。というのは，大統領は連邦議会で可決された法律に基づかない限り，長期にわたり大きな権限を行使することができないので，運動は連邦議会における政策決定過程にも直接的に大きな影響力を行使する必要があるからである。したがって，そのために運動が政党の利益連合の正式なメンバーになろうと自然であり，当然ながら，その過程の研究は必要になる。

4 1877年の大統領選挙では民主党のティルデン候補が選挙人選挙で多数を占めたが，共和党のヘイズ候補陣営から南部の3州で不正選挙があったとの抗議を受け，両党のボスが秘密裏に談合し，共和党ヘイズを当選とする代わりに南部の連邦軍を撤退させるという妥協が成立した。3月のヘイズ大統領就任にともない，1877年4月10日，最後まで残っていたサウスカロライナとルイジアナから連邦軍が撤退した (Reichley 1992: 150)。

第5章
硬直化した政党システムと文化対立

　これまでの検討をつうじて，時間の経過とともに，アメリカの政党システムの変化の原動力が公職者から運動に変わったこと，また，政党内部に組み込まれ定着すると，運動は大政党の主要な選挙動員手段となり，党内での大きな影響力をつうじてその後の利益連合の構成を左右する可能性が高いことが明らかになった。もし2大政党の両方でこのように政策優先順位が固定化されると，政党システムの硬直化が避けられないものとなる。最後に残されているのは，アメリカの大政党のこうした構造および動態と現在の政治の分極化の関係について検討することである。

　かつての選挙民の中の政党システムの再編成説では，単一の特定選挙を契機に2大政党の間で選挙民の大幅な組み換えが行われ，新しい争点をめぐりそれまでとは異なる選挙連合から構成される2党が競争を始めるという，かなり柔軟なシナリオが前提とされていた。しかし，このように政党がある程度自由に政策方針を変更しうるのは，政府が解決しなければならない政治課題が少ない消極政治の時代，あるいは，政党が大規模な社会集団や運動と緊密に結びついていない時代の話であろう。政府が積極的な問題解決を目指す積極政治の時代になると，あるいは，大政党の内部に大きな影響力をもつ運動勢力が定着すると，アメリカの政党システムが新しい主要な政治争点に柔軟に対応し，大政党が意味ある競争をすることができなくなる可能性もある。

　本章では，1970年代以降の利益の多様化にともない，政治空間の中

でどのような利益対立の構造が出現し，それが政党政治にどのように反映されるのかを一般的な視点から理解するために，まずダルトンの「2次元対立」説を紹介する。これは「西欧先進諸国における政治対立は，経済対立軸と文化対立軸の2次元から構成される」という説であり，「大きな政府」対「小さな政府」が経済亀裂の主要事例であり，「フェミニズム」対「伝統主義」が文化亀裂の主要事例である。しかし，全国レベルで小政党が恒常的に組織化され議席を獲得することが難しいアメリカでは，西欧民主諸国では小政党によって代表される要求は大政党に集中することが予想される。そこで，アメリカ社会の文化亀裂を象徴する女性の権利の問題に焦点を合わせ，台頭する女性運動に大政党がどのように対応したのかを考察する。

1. ダルトンの「2次元対立」概念とアメリカ政治

　1970年代以降のアメリカにおける政治の分極化の議論に入る前に，まずダルトンの西欧の豊かな民主諸国における「政治対立」の分析を概観しよう。彼は『政治の再編成：経済，文化，選挙変化』(2018年)の第1章で次のような政治空間 (図5-1) を示し，現在の政治対立がかつてのもっぱら経済亀裂だけの一元的対立から経済亀裂と文化亀裂の二元的対立に移行しつつあることを，ヨーロッパ選挙研究 (European Election Studies) と欧州議会候補者 (Candidates for European Parliament) 調査のデータ分析をつうじて明らかにする。ここで新しい文化亀裂は GAL/TAN 次元と命名され，GAL は Green, Alternative, Libertarian の価値を意味し，TAN は Traditional, Nationalist, Authoritarian の価値を意味する (Dalton 2018: 8)。

　まず彼によると，国民の政治要求は2つの争点亀裂によって要約することができる。第1は，社会と経済における国家の役割，すなわち，社会福祉便益の提供，支援を必要としている人々の擁護にどのように対応するかをめぐる経済亀裂である。これは現代の民主的政党システムの基

現在の政党研究：西欧先進諸国

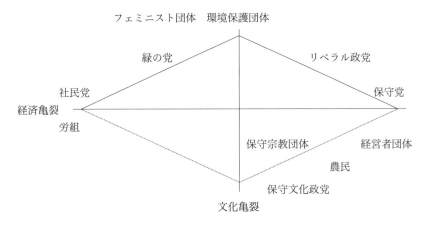

図 5-1　政治空間の勢力配置
出典) Dalton 2018:8 より。

礎となっており，現在でも形を変えつつ進化している。第 2 は文化亀裂である。豊かな民主諸国が 20 世紀の後半に先例のない社会変化を経験する中で，新しい要求が出現した。ポスト物質主義，左派リバタリアン，GAL 争点などとさまざまな名称で呼ばれながら，これらのテーマがまとまって新しい政治競争の亀裂が形成された。この文化亀裂は，ヨーロッパ選挙研究の 1979 年調査では少しずつ形成され，2009 年および 2014 年の調査では確固とした市民意見として構造化された (Dalton 2018: 43)。

したがって，ダルトンは「多くの最近の論争的な出来事──ブレグジット，トランプ大統領の誕生，極右政党の出現──は，市民を二分し，現在の出来事への反動ではないより深刻な亀裂を反映している」と指摘し，「移民，ジェンダー平等の拡大，大恐慌への反応その他の特定の争点ではなく，支持者が価値とみなす未来社会の見方と過去の社会の見方の間の亀裂である」(Dalton 2018: 44) と示唆する[1]。

次にダルトンは，このような政治空間の変化が政治家の政策選好や政

党システムにどのように反映されるのかに目を向ける。新しい亀裂要因が出現すると，既成政党は亀裂上で自身を差別化する誘因をもつ。たとえ確固とした政治基盤をもっているとしても，たとえば選挙民の多くが新自由主義経済政策を受け入れると，既成政党は多数の支持を求めて経済亀裂上を中央に移動する。経済亀裂の両端に空白領域が現れ，そこに右派・左派の新党が誕生する。また，選挙民の多くが文化争点に関心をもつと，もっぱら経済亀裂に基礎をおく既成政党は文化亀裂上を大きく移動することができず，文化亀裂の両端に新党が誕生する。彼は欧州議会候補者調査をつうじてこのプロセスを分析し，1979年にはEU9か国における有効政党数が38であったものが，2014年には52に増加した（Dalton 2018: 113）[2]と指摘し，変化のプロセスを次のように説明する。

> 「政党競争は，現在，経済および文化の亀裂によって定義される枠組みの中で起こる。……1979年，経済亀裂が政党競争の一義的な基礎であった。同時に，文化次元上の政党編成が形成されつつあり，それは1994年調査の経済立場からより距離をおくものになった。そのときまでに，緑の党やニューレフト政党などのリベラル文化政党が多くの議会においてこれらの立場を代表した。さらに，一部の既成の社民党がよりリベラルな文化立場を採用した。2009年になると，これらの党派的再編成がさらにより明確になった。一部の国における活性化したポスト共産主義政党がリベラルな経済立場を表明し，保守政党が市場に基づく政策を唱道し，これにより経済亀裂上の政党分極化が増大した。同時に，新しい文化保守政党が文化亀裂上の政党選択肢の供給を本格化した」（Dalton 2018: 125）。

彼によると，こうした変化を生じさせた要因は以下の3つである。
1) 既成の左派政党は，労働者階級の基盤が縮小するにともない，中産階級の支持を動員するために経済亀裂上で中道化した（イギリスの

新労働党，ドイツにおけるシュレーダーの新中道）。
  2) 一部の既成政党（とくに伝統的な左派政党）は，リベラルな立場を取る中産階級を引きつけるために文化的にリベラルな立場を取った。同時に，ヨーロッパに女性および同性愛者の権利が拡大した結果，文化的保守政党は穏健化した（ドイツのCDU/CSU）。
  3) 文化亀裂上の両極で新党が結成され，その結果，社民党や左派政党はこれまで回避してきた環境やジェンダー問題に対応し，伝統的保守政党は移民やその他の文化争点に目を向けた（Dalton 2018: 125-126）。

　このような政治空間の変化と政党の対応を分析したダルトンは，西欧の豊かな民主諸国の政党システムでは経済軸で政党が接近し，文化軸で政党対立が激化していると指摘する。もちろん，西欧においても国ごとに政党の対立状況は異なる。大半の国においては，主要な政党対立は経済亀裂に基づき，国家の役割，社会福祉便益の提供，支援を必要としている人々の擁護など主要な争点になっている。フランス，ドイツ，イタリアなどの他の民主諸国では，世俗的・リベラル経済立場が，主要な亀裂線としての宗教的・保守的経済立場と競争している（Dalton 2018: 218）。また，制度も重要である。比例代表制を採用する大半の民主諸国では，経済亀裂上と文化亀裂上で立場を代表する多様な政党が存在する（Dalton 2018: 227）。その結果，「市民とエリートの間の文化亀裂がますます重要になり，この亀裂に沿って社会の分極化がますます進む」(Dalton 2018: 19) ことになる。

　ところで，ダルトンによると，この2次元対立はアメリカにも当てはまる。むしろ，アメリカでは，文化政治はかなり早い時期から出現し，1960年代および1970年代に注目されるようになった。2016年選挙に至るまでの半世紀間，文化亀裂は，政治環境と政治システムによって提供された政治選択肢により盛衰を繰り返した（Dalton 2018: 181-182）。

「民主党と共和党は，選挙時の経済および文化亀裂のバランスを取るために複雑なチャレンジに直面している。多数派型選挙制度と2大政党の優越のため，文化リベラルを代表する緑の党，ニューレフト，もしくは極右ポピュリスト党の政治空間は限られている。対照的に，ヨーロッパの比例代表制は，多様な見解を代表するために政党数の増加を促進する。アメリカにおける解決策は，政治活動家が既成政党を乗っ取ることである。……1992年から2008年までの全国党大会代議員の調査に基づくと，共和党の伝統的価値およびポピュリスト派は増加し，政党を文化争点上で右へ移動させている。……民主党活動家は中道的立場から離れ，より進歩的な文化政策を志向している。この傾向は，2016年の『歴史的選挙』が起こる前の半世紀間にわたって存在した」(Dalton 2018: 184)。

　「経済および文化亀裂の視点で政治競争を考えると，これら特定争点の大半は政治選択のより広範な枠組みの中に包含されてしまう。……アメリカの選挙システムが例外的であるのは，2大政党が各選挙で競争するからである。大半のヨーロッパの政党システムにみられる政党供給の多様性が欠落している。……亀裂上の選択肢の幅が拡がれば拡がるほど，より多くの人々は個人的意見を政党選択肢にリンクさせる可能性が高くなる。2つの選択肢しか存在しない場合，多様な政治争点のすべてが2つのパッケージに束ねられてしまい，投票者の選択能力が制限されてしまう」(Dalton 2018: 197)。

　それでは，アメリカにおいて文化亀裂を代表する政治活動家は「既成政党をどのように乗っ取った」のであろうか。政党選択肢が2つしか存在しない場合，多様な政治争点は「どのように2つのパッケージに束ねられ」，「投票者の選択能力はどのように制限されてしまう」のであろうか。

2. 1970年代における女性運動と大政党

　1970年代における女性運動に大政党がどのように対応したのかを検討する前に，両者の歴史的関係について触れておく必要がある。

　アメリカにおいて女性団体と大政党が最初にかかわりをもったのは1850年代であった。初期のフェミニストの多くは奴隷制廃止運動を支持し，結成直後の共和党に接近した。奴隷解放の次には女性の解放が続くと期待して，フェミニストは南北戦争期には北部諸州を支持した。戦争終了後，共和党が多数派の連邦議会は連邦憲法第14・15・16修正を可決し，黒人男性に参政権その他の権利を与えたものの，参政権は女性にまで拡張されることはなかった。その結果，1860年代にフェミニストは，共和党の決定を裏切りとみなす全国女性参政権協会（National Women Suffrage Association）と共和党の決定と方針を支持するアメリカ女性参政権協会（American Women Suffrage Association）に分かれた。1920年に女性に参政権が認められるまで，この対立は続いた（Wolbrecht 2000: 25-26）。

　1920年代になると女性運動は新しい段階を迎えた。1923年に全国女性党（National Women's Party）が，法のもとの男女平等の権利を憲法によって保証する平等権修正（Equal Rights Amendment：以下ERAと略す）を提案すると，これをめぐり女性団体が2グループに分かれた。全国女性党，ビジネス専門職女性クラブ全国連盟（National Federation of Business and Professional Women's Clubs）などの団体はERAを支持し，労働省女性局（Women's Bureau of the Labor Department），婦人有権者連盟（The League of Women Voters）などの団体は，それが女性労働保護規定を非有効化するという理由で，ERAに反対した。この傾向は大政党内でも観察された。共和党支持層の間では，南部支持者やビジネスグループがERAを支持し，共和党は1940年に公式にERAを支持した。民主党支持者の間では，労働組合がERAに反対した。第二次世界大戦の勃発により軍需産業における女性保護立法が停止されたため，民主党も1944年にERAを支

持したものの，労働組合は反対の態度を取り続けた (Wolbrecht 2000: 27-28; Sanbonmatsu 2002: 22; Freeman 2008: 122)。

1950年代から1960年代初頭に至るまで，確かに共和党は民主党よりも女性の権利問題に支持的な立場をとった。とはいえ，大政党はこの問題に必ずしも積極的にかかわろうとはしなかった。当時，女性の権利をめぐる論争は保護，現状維持，平等の間の選択肢として理解され，女性の権利問題は，政党間の問題であるよりはむしろ職業間の問題であり，イデオロギー傾向と支持層選好から共和党は平等を支持し，民主党は保護を支持したに過ぎなかった (Wolbrecht 2000: 11)。また，女性が大きな投票ブロックとして登場することがなかったので，大政党は女性問題に大きな関心を示さなかった (Sanbonmatsu 2002: 22)。

この状況が大きく変わったのは，1960年代に入ってからである。1950年代以降，女性の教育水準の上昇，女性の労働力市場への参入の増加，出生率の低下，離婚率の上昇などにより女性の生活スタイルと意識は大きく変わり，女性の雇用や社会生活における差別が告発され，伝統的な主婦の役割に異議が申し立てられた結果，全米各地で女性運動が台頭し，女性団体が相次いで結成された[3]。女性団体はさまざまな活動に取り組んだものの，大政党に直接的に働きかけたのは，1971年に結成され，女性の公選公職への立候補と政府ポストへの女性の登用を促進することを目的とした全国女性政治コーカス (National Women's Political Caucus：以下，NWPCと略す)であった。

ここでは，女性の権利の問題の中でもERAと妊娠中絶（生殖選択権）の2つの争点を中心に大政党の対応に焦点を合わせる。ちなみに，女性の権利としての妊娠中絶は，全米女性組織 (National Organization for Women：以下，NOWと略す)が1968年に公表した8項目の権利章典の中で，「女性が自身の生殖生活をコントロールする権利」として挙げられ[4]，「避妊情報や避妊具へのアクセスを制限する法律，中絶を規制する法律を刑法から削除することにより，女性が自らの生殖生活をコントロールする

権利」と説明されている (https://350fem.blogs.brynmawr.edu/about/1968-bill-of-rights/)。

　まず民主党の側からみていこう。1972年の全国党大会は改革後最初の党大会であった。マクガヴァン＝フレイザー委員会が決定した，女性，人種マイノリティ，若者を人口比に応じて代議員に選出するという規則により，1968年の党大会には13％であった女性代議員比率が1972年の党大会では40％に増加した。この規則変更と女性代議員比率の増加の背景には，1972年の党大会の代議員の50％以上を女性にすることを州に求め，党大会代議員選出に用いられるルールと手続きに関する女性教育プロジェクト (Women's Education for Delegate Selection) を開始したNWPCの活動があった (Freeman 1975: 160-161)。また，NWPCが組織した党大会の女性コーカスに多くの女性代議員が参加し，党綱領にはじめて「女性」に関連する政策項目をおくことが決定された。そこには男女同一賃金，育児支援，性差別の禁止，政府ポストへの女性の任命などの要求が列挙され，かつて労働組合の反対により異なる文言に変更されていたERAの支持が復活した (Wolbrecht 2002: 34)。

　もっとも，NWPCの活動には限界もあった。連邦最高裁判所が妊娠中絶の合法化を認める前であったので，綱領委員会では綱領に生殖の自由を含めるか否かで激しい議論が展開されたものの，NWPCは生殖の自由を党綱領に盛り込むことはできなかった。また，NWPCの努力にもかかわらず，副大統領候補に女性を選出することができなかった。さらに，大統領候補者に指名されたマクガヴァンは選挙における女性の重要性を認め，初の女性全国委員長を任命したものの，女性の権利の問題に関しては最後まで立場を明確にしなかった (Freeman 2008: 123; Wolbrecht 2000: 36-37)。

　民主党では1976年の党大会に向けて，1974年にミニ党大会が開催された。ここではNWPCが自身の支持者から構成される民主党女性タスクフォース (Democratic Women's Task Force：以下，DWTFと略す) を設置して，

多くの女性の権利を保証する党綱領案を採択した。1976年の党大会では，大きな反対なしに，この党綱領案がそのまま採択された。むしろ党大会の争点となったのは，代議員を男女同数にする規則をいつから採用するかであった。DWTFを中心とするフェミニストは次回党大会からルールを採用することを全体会議に提案しようとしたものの，指名が確実となったカーター陣営は党大会が紛糾するのを恐れた結果，その決定を将来に延期することで妥協が図られた（Freeman 2008: 123-124）。

1980年の党大会では，女性団体と民主党指導部との関係は悪化していた。民主党全国委員会の女性コーカスと女性権利連合（Coalition for Women's Rights）——NOW，NWPC，著名なフェミニスト活動家から構成される——によって別々の集会が招集され，両者の間に緊張が高まりつつあった。NOWは，州によるERAの批准に積極的でなかったという理由で，カーター大統領を支持しないことを決定した。カーター個人は，女性権利連合の提案10「ERAを支持しない候補者に資金的・技術的支援をしない」と提案11「連邦最高裁判所判決の支持と貧困女性の妊娠中絶に政府が財政支援を提供する」に反対したものの，提案10は党大会の発声投票で，提案11は党大会の投票決定で承認された（Freeman 2008: 125; Freeman 1987: 230-231）。

それでは，女性運動と共和党はどのような関係にあったのであろうか。1972年の共和党大会は，民主党大会におけるのと同様に，フェミニストは女性の代議員比率の引き上げと特定政党方針の見直し——党がポジティブアクションを取る対象をマイノリティだけではなく女性にも拡大する——を要求し，とくに方針見直し問題で穏健派と保守派が対立した。ニクソン大統領はこの問題で中立の立場を貫いた。最終的にフェミニストが勝ったものの，この方針には強制力がなかった。なお，注目すべきことに，1972年の両党の綱領には共通点が多く，ERA支持，同一賃金制導入，育児支援（税控除と連邦支援），性差別の禁止，連邦政府ポストへの女性の任命などが含まれていた（Wolbrecht 2000: 38-39）。

ところで，1960年中頃以降の女性運動の高まりは，同時に反フェミニスト運動の組織化を促した。保守派にとって，女性の権利の拡張は従来の家族中心で男女の役割分業に基づく生活スタイルを否定することを意味し，1960年代および1970年代の社会変化により，「宗教保守の価値と世界観とそれ以外のアメリカ人文化の間のギャップは拡大した」(Sanbonmatsu 2002: 26)。1972年に連邦議会でERAが可決され，それを24州が批准した後，同年12月に共和党右派のシュラフリー（Phyllis Schlafly）はERAが伝統的な家族の在り方を変えるものと批判し，翌年10月にStop ERA運動を組織化した(Freeman 2008: 124)。また，キリスト教福音派にとって妊娠中絶は殺人と同じであり，妊娠中絶を合法的であると認めた連邦最高裁判所の1973年のロー対ウェイド判決は，社会保守勢力を結集させる要因となった(Wolbrecht 2000: 40)。その結果，1973年の末までに，ジョン・バーチ協会(John Birch Society)，プロ・アメリカン・インコーポレーテッド，キリスト教十字軍(Christian Crusade)，ヤング・アメリカン・フォー・フリーダムなどの団体，モルモン教会，南部バプティストやその他の原理主義プロテスタント教会が運動に加わった(Freeman 1987: 226-227)。

　共和党においては，代議員選出の平等に関して州政党の解釈に委ねるという全国委員会の判断が示された後，NWPCは1975年に共和党女性タスクフォース(Republican Women's Task Force：以下，RWTFと略す)を設置した。実際のメンバーは約10名の同党のリベラル派であり，NWPCの目的を共和党内で実現しようとした(Freeman 1987: 226)。保守派と宗教勢力の間でERAや妊娠中絶に対する反対運動が激しさを増すと，RWTFは守勢に立たされた。1976年の党大会では，綱領小委員会はERAに反対し，妊娠中絶を禁止する憲法修正を承認した。候補者指名を争っていたフォード陣営がERAを支持し，レーガン陣営がERAに反対したので，RWTFはフォードを支援し，党綱領にERAを残す努力をした。全体委員会では辛勝したものの，文言は変更された(Freeman 2008: 125)。ま

た，妊娠中絶をめぐっては，フェミニストグループは妊娠中絶という文言そのものを党綱領から除外すべきことを主張したものの，その動議は認められなかった (Wolbrecht 2000: 41)。

1980年の党大会では，状況はフェミニストグループにとってさらに不利であった。保守派の発言力が増大した結果，1976年の党大会に参加したフェミニストは1980年の党大会に参加せず，代議員にもならなかった。レーガン陣営はERAに反対し，RWTFは擁護を試みたものの，綱領委員会では否定され，40年に及ぶ伝統が断ち切られた。また，1976年プラットフォームの融和的な表現が中絶反対に変更され，妊娠中絶に税金を使わないこと，プロライフ判事を任命することが追加された (Wolbrecht 2000: 44)。なお，これ以降，RWTFの動きは止まった。共和党内のフェミニスト勢力は，1989年に全国共和党プロチョイス連合として党内で公式に認知されたものの，党内で力をもつことはなかった (Wolbrecht 2000: 61; Freeman 2008: 127)。

このようにして女性の権利，とくに妊娠中絶に関する大政党の立場はますます異なるものになり，1992年の党大会の頃までに，両大政党の女性に関する立場は固定化され，その差異は投票者の目にも明らかになった (Freeman 2008: 128)。**表5-1**は，1972年から1992年までの大政党の綱領における妊娠中絶に関する内容の一覧である。両党とも1980年の政党綱領から立場は一貫しているだけでなく，とくに共和党では妊娠中絶に反対する対策がより広範にわたるものになっていることが注目される。いずれにせよ，女性運動に対応する過程で，この時期に民主党は女性の権利を重視し，共和党は家族価値を重視するという現在の政党亀裂の基礎が確立されたと考えてよいであろう。

それでは，これまでの分析に基づき，いくつかの疑問に答えることにしよう。

第1に，1960年代末以降，女性運動はなぜ新党を結成せず，既成の大政党への浸透を図ろうとしたのであろうか。

表 5-1 妊娠中絶・生殖権に関する対立公約

年	民主党綱領	共和党綱領
1968	［なし］	［なし］
1972	［なし］	［なし］
1976	・妊娠中絶に関する連邦最高裁判所の決定を覆す憲法修正を試みるのは望ましくない。	・胎児の生きる権利の擁護を回復するための憲法修正を求める者を支持する。
1980	・連邦最高裁判決を支持し，どのようなものであれこの判決を制約しまたは覆す憲法修正に反対する。 ・貧困女性にプライバシー権を否定する努力に反対する。 ・家族計画，カウンセリング，サービスのために働くことを誓う。	・胎児の生きる権利の擁護を回復するための憲法修正を支持する。 ・妊娠中絶に納税者の資金を利用することを制限する努力を支持する。 ・プロライフの判事を任命する。
1984	・連邦最高裁判決を支持し，どのようなものであれこの判決を制約しまたは覆す憲法修正に反対する。 ・貧困アメリカ人にプライバシー権を否定する政府介入に反対する。 ・医療提供者や中絶を求める女性に対する暴力や嫌がらせを終わらせる。 ・地方家族計画プログラムに連邦が関心をもつことを支持する。	・憲法へのヒューマンライフ修正を支持する。 ・憲法第14修正の保護規定を胎児にまで拡大する立法を支持する。 ・妊娠中絶と中絶を促進する組織に連邦資金を支出することに反対する。 ・プロライフの判事を任命する。
1988	・支払い能力の有無にかかわらず，妊娠中絶権を支持する。	・憲法へのヒューマンライフ修正を支持する。 ・憲法第14修正の保護規定を胎児にまで拡大する立法を支持する。 ・妊娠中絶と中絶を唱道する組織に連邦資金を支出することに反対する。 ・プロライフの判事を任命する。 ・避妊や中絶のサービスや紹介を提供する公立学校プログラムに反対する。
1992	・支払い能力の有無にかかわらず，ロー対ウェイド判決を支持する。 ・妊娠中絶権を擁護する連邦法を支持する。 ・医療保健プランに，安全で合法な中絶を受ける権利の他，教育カウンセリング避妊薬へのアクセスも含まれる。 ・避妊法の研究と家族計画を支持する。	・憲法へのヒューマンライフ修正を支持する。 ・憲法第14修正の保護規定を胎児にまで拡大する立法を支持する。 ・プロライフの判事を任命する。 ・妊娠中絶と中絶を唱道する組織に連邦資金を支出することに反対する。 ・公立学校における避妊や中絶のサービスや紹介を提供するプログラムに反対する。

出典）Sanbonmastu 2002: 102 103 TABLE19 から筆者が作成。

これについての解答は明らかであろう。まず，女性運動はすでにNWPCやNOWのような団体をつうじて大統領，連邦議会，メディアに積極的に働きかけており，また民主党全国大会の代議員の選出を民主化する改革の中に大政党に浸透する機会を発見することができた。アメリカにおいて2大政党の制度化が進み，新党に大きな発展可能性と政策効果を期待できないことを考えると，女性運動が女性の権利問題の重要性を主張するために新党を結成せず，大政党を利用しようとしたのは当然である。実際，女性の権利の擁護を求める勢力は，1972年から民主・共和2大政党に積極的な対応をすることを求めている。

　また，かつて女性の権利問題に関心を払わなかった大政党が，この問題に大きくかかわるようになる理由もある。かつて女性の権利をめぐる論争は保護，現状維持，平等の間の選択肢として理解され，女性の権利問題は，政党間の問題であるよりはむしろ職業間の問題であった。しかし，1960年代末以降の女性運動の高まりの中で，選挙民も含む多くの政治アクターは，女性の権利をどのように捉え，どのように政策に反映させるかに関心をもち，女性の権利をめぐる論争は全国政治アジェンダになったからである。この意味で，大政党が女性の権利問題に関心をもつのは当然である。

　さらに，女性運動がとくに民主党への接近を図った理由には，同党の組織構造，決定様式，世界観も含まれる。フリーマン (Jo Freeman) によると，民主党の連合構造——全国レベルでは，労働組合，黒人など複数の選挙区支持基盤 (constituencies) から構成され，各基盤は重要な投票ブロックを代表し，政党はそれらに政党として対応する——とそれに由来するボトムアップ決定様式，そして，「社会を周辺 (periphery) から観る」という世界観が，同党への女性運動やフェミニスト勢力の浸透を可能にした。実際に民主党では，1982年から1983年の間に，7選挙支持基盤が全国委員会の公式のコーカス（女性，黒人，ヒスパニック，アジア系，同性愛者，リベラル，ビジネス／専門職）に改組された。他方，共和党の単一型組織構

造 (unitary structure) とそれに由来するトップダウン決定様式，「自身を社会の中心を代表する」とみなす世界観は，党内に複数の団体の存在を認めることをしないであろう (Freeman 1986: 328-332, 336-338)。

　第 2 に，なぜ共和党の ERA 支持，民主党の ERA 反対というかつての大政党の立場が 1976 年以降に逆転し，とくに ERA と妊娠中絶に関する大政党の立場が大きく異なるようになったのであろうか。

　これは，女性運動の 2 分化から説明することができる。女性運動が高まる中で 1970 年代初頭より保守派の間でフェミニスト運動に対する批判が始まり，とくに連邦最高裁判所がロー対ウェイド判決を下した後，保守派や福音派キリスト教徒の間で反フェミニスト運動が大きな勢いをもった。当時，保守勢力が共和党に結集しつつあり，党内で反フェミニスト勢力の発言力が増大した。フェミニスト勢力が民主党内で，反フェミニスト勢力が共和党内で大きな影響力をもったため，ERA と妊娠中絶に関する立場の対立はエスカレートし，最終的に大政党は正反対の立場を取るようになった。

　女性運動の 2 分化に加えて，別の要因が大政党の女性運動や女性の権利問題の受け入れ方に影響を及ぼしている。民主党が女性運動を受け入れ，ERA と妊娠中絶に関するフェミニストの要求を支持した理由として次のような要因が挙げられる。たとえば，かつて労働組合は ERA に反対していたものの，1970 年になると，平等雇用機会委員会 (Equal Employment Opportunity Commission) と連邦司法当局の両者が，特権を男性に拡大することにより女性保護法を無効にするよう公民権法第 7 編を解釈した結果，労働組合が ERA に反対する理由がなくなった (Wolbrecht 2000: 8-9)。1950 年代には民主党内部には人種差別慣行を維持することを求める南部保守派とそれに反対する北部リベラル派の対立があり，すでに 1960 年代中頃から反戦運動や女性解放運動の活動家はこの対立を利用するために民主党に浸透していた (Young 2000: 31-32)。また，ニューディール理念がすでに経済困窮への取り組みにまで拡張され，1960 年

代には，民主党は人種差別を終わらせる責任を連邦政府に負わせる政党と考えられていた (Carmines and Stimson 1989: 116)。

ここでダルトンの言葉を借りるなら，文化亀裂を代表するフェミニスト派の女性運動は，民主党の全国党大会代議員の選出をめぐる改革を契機に，民主党の連合構造や決定様式を利用して，民主党を「乗っ取った」のであり，反フェミニスト派の女性運動は，対抗上，共和党に接近し，保守化しキリスト教右派と関係を強めていた共和党を「乗っ取った」ということになろう。そして，その過程で，政策は，民主党の場合「大きな政府路線と女性の権利を認める政策」，共和党の場合「小さな政府路線と家族価値を重視する政策」という「2つのパッケージに束ねられた」のである。

なお，ERA と妊娠中絶に関する大政党の立場が大きく異なる過程は何らかの政党システムの再編成過程とみなすことができるのであろうか。

これについては2つの見方がある。一方は，妊娠中絶が党派的再編成を促進したとする見方である。フリーマンによると，妊娠中絶はとくに党派的再編成を促進し，プロライフとプロチョイスの投票者が自身の考えに一致する政党に支持を変え，所属する政党によって選出されるために候補者も自身の考えを変えることもあった。そして，彼女はその根拠として，1980年の大統領選挙投票におけるジェンダーギャップが8％であった——当選した共和党のレーガン候補に投票した男性は54％であったのに対して，同候補に投票した女性は46％であった——ことを指摘する (Freeman 2008: 123, 126)。

他方は，再編成は起こっていないという見方である。サンボンマツ (Sanbonmatsu, Kira) は，妊娠中絶に関する女性選挙民の評価は明確に分かれているものの，ジェンダー役割に起こった最近の劇的な変化は政党システムには吸収されてこなかった，という。国民一般が社会変化に曖昧な態度を取る場合，政治エリートは緊張を解決して投票行動をある方向に向けることができ，共和党はその機会をもっていた。しかし，共和党

はその機会を活用することができなかった。なぜなら，女性の態度変化を逆転することはできないし，また，対象とする聴衆の投票者の過半数であり，それを動かすには大きなコストがかかるからである (Sanbonmatsu 2002: 220-221)。

　女性の権利問題が単独で政党システムの再編成を引き起こしたのか否かを判断することは容易ではない。これまで論じてきたように，女性運動の台頭を背景に，女性団体は，当初，超党派で大政党に働きかけたのであり，大きな女性票を動かす特定の女性運動または団体が政党リーダーと交渉してその政党と同盟しようとしたわけではなかった。また，女性団体が浸透した民主党においてすら，女性団体と大統領候補者との関係は必ずしもよくなかった。1972年以降に共和党の女性の権利をめぐる立場の変更は，反フェミニスト運動と共和党の保守化の過程で起こったのであり，第4章で論じた1980年の共和党とキリスト教右派との同盟形成の時期と一致している。したがって，もし女性の権利をめぐり女性投票者の再編成があったとするなら，それはキリスト教右派が共和党に接近し，最終的に同盟を形成したより大きなプロセスの一部と理解することができるであろう。1980年の大統領選挙で有権者の間でのジェンダーギャップの存在はそれを証明しており，女性の方が民主党に投票するという大統領選挙の一般投票におけるジェンダーギャップはそれ以降も続いている[5]。

3. 1990年代以降の変化

　女性運動に対応する過程で1980年代初頭に，民主党は女性の権利を重視し，共和党は家族価値を重視するという現在の政党亀裂の基礎が確立され，政党綱領をみる限り1992年に両党の立場の差がもっとも大きくなった。そして，その後の政治社会の変化と展開は，この2大政党の亀裂をさらに拡大・深刻化・純化させていった。

まず共和党からみていこう。最初に挙げられるのは，1990年代に入り，2名のポピュリスト候補者が大統領選挙に出馬したことである。最初の候補者はペロー (Ross Perot) であった。彼は巨額の資産をもつITサービスの創業者であり，もともとは人工妊娠中絶と銃規制を支持し，テキサス州の学校制度の改善に尽力した穏健な共和党支持者であった。彼は，製造業を保護するための産業政策を実施しようとしないブッシュ（父）政権に落胆し，1992年の大統領選挙に出馬した。彼は自身を「腐敗した政治と無能な企業支配層に反対する民衆の無給の奉仕者」と呼び，「アメリカを自分たちのものにする (we own this country)」と宣言した。彼は財政均衡の実現，雇用の海外流出阻止，北米自由貿易協定（以下，NAFTAと略す）反対を政策に掲げ，一般投票の18.9%を獲得した。これは，1913年のローズヴェルトの革新党以来のもっとも成功した第三党の記録である。さらに，同年選挙で当選したクリントン (Bill Clinton) 大統領がネオリベラル政策を踏襲すると，ペローは1995年に改革党 (Reform Party) を結成した。彼は1996年の大統領選挙で一般投票の8.5%を獲得した (Judis 2016: 47-49)。

次の候補者はブキャナン (Pat Buchanan) であった[6]。彼はニクソン，フォード，レーガン3共和党大統領の補佐官をつとめた保守派の作家・コラムニストであった。彼はブッシュ（父）政権に不満をもち，1996年の共和党大統領候補者指名にさいして，民主・共和2大政党が共に支持するネオリベラル政策を批判し，自身の選挙運動を「既成階級」に反対する「干し草用三つ叉を手にした農民の集まり」と呼んだ。彼は，1) GATTをウォールストリートの銀行を利するものと批判し，2) 時給10ドルのアメリカ人を時給1ドルのメキシコ人と競争させることはできないとNAFTAを批判し，3)「国境のコントロールを喪失した国はもはや国ではない」という理由で移民を停止することを訴えた。しかし，彼は党大会の大統領候補者指名投票でドールに完敗した。さらに彼は2000年には改革党から大統領選挙に出馬したものの，一般投票の0.4%を獲得し

ただけであった (Judis 2016: 51-53)。

　彼らが立候補した理由は，経済のグローバリゼーションと新自由主義政策がもたらすマイナス効果に連邦政府が十分な対応をしてこなかったからである。1970年代に入ると，西欧諸国と日本の製品の国際競争力が高まり，1971年にアメリカの貿易収支が赤字になった。また，発展途上国の製品がアメリカに流入し始めたため貿易赤字は増大し，生産能力が過剰になったため企業利益は減少した。その結果，企業は外国政府には市場開放を要求し，連邦政府には減税と規制緩和を要求し，労働組合の要求には海外への工場移転で対抗した。1981年に共和党のレーガンが大統領に就任すると経済のグローバリゼーションがさらに進んだ。企業は雇用の流動化の中での安い労働力確保の重点化やさらなる多国籍化を進めたものの，その後，成長率は低下し雇用は減少し始めた。レーガン政権，それに続くブッシュ（父）政権も，アメリカの製造業部門を保護する産業政策の実施要求を重視しなかった。その結果，1980年代末には，家電，機械，繊維を含む国内に基盤をおく産業の多くが消滅することになった (Judis 2016: 40-41, 45)。

　他方で，労働力市場にも変化が起こっていた。1965年の移民法は，特殊技能をもつ人材の積極的受け入れだけでなく離散家族の再会を目的としていた結果，家族呼び寄せが予想以上に増え，ラテンアメリカおよびアジア諸国から多数の未熟練労働者が流入した。こうした外国人労働者は，農業，食品加工，建設，ホテルや娯楽などのサービス分野で雇用された。これらの外国人労働者の多くは正規書類をもたない不法移民であり，多くの企業は，彼らを雇用することにより賃金水準を引き下げ，労働組合の影響力を弱めようとした (西山 2016: 39-43)。

　このような状況の中で，共和党または同党に近い候補者が，外国人労働者の制限，国内労働者の雇用の確保など保護主義的な政策に訴え，大きな政策転換を迫ったことは注目される。彼らの主張には後のトランプ大統領の主張と共通するものが多く，すでに1990年代から共和党支持

者の間でこのような不満が蓄積し顕在化しつつあったことが分かる。

　他方，2000年代初頭には，民主党にも大きな変化が起こっていた。2004年大統領選挙で多額の資金調達をつうじてブッシュ（子）大統領の再選を阻止しようとする試みが失敗した後，投資家ソロス（George Soros）らを中心に2005年に「デモクラシー同盟」というネットワークが構築された。その目的は，高額寄付者の資金を同盟が承認した進歩主義団体に提供することにより，進歩主義理念の信奉者が民主党内に同党を左に向ける別の構造をつくり，連邦議会とホワイトハウスを取り戻すことにあった。そして，ネットワークの中心に位置するアメリカ進歩センター（Center for American Progress）は「政策シンクタンク」と称され，民主党左派のために「年間3,800万ドルを集める」常設選挙運動本部となり，「頭脳センター」として民主党に入り込み，多くの民主党支援プロジェクトを立ち上げた（Horowitz and Laksin 2012: 14, 15）。

　ネットワークには，100名以上の年間3万ドルの会費を納入するパートナーがおり，献金先組織リスト（Progressive Infrastructure Map）に年間最低20万ドルを寄付する義務を負う。リストには，アメリカ進歩センター，ブラック・ライブズ・マター，ブラック・シビック・エンゲイジメント・センター，メディア・マターズ・フォー・アメリカ，憲法責任センター（Center for Constitutional Responsibility），カラー・オブ・チェンジなど多数の女性・人種マイノリティ・公民権活動関係の組織が含まれている。また，ネットワークは，2011年にはバイデン副大統領の要請を受けて方針を転換し，選挙運動にも資金を提供するようになり，2015年には「2020ビジョン」を発表して，民主党州公職者数を増加させるために30団体に1億5,000万ドルを支出し，2020年選挙に先立ち，トランプ大統領を破るため接戦州に1億ドルを支出したといわれる[7]。

　民主党にとって，このネットワークの存在はきわめて重要である。というのは，それはただ単に富裕な寄付者に進歩主義団体と選挙運動に資金を提供するだけでなく，民主党の周囲にそのような団体と進歩主義政

策を信奉する候補者のネットワークを構築するからである。1970年代に民主党に女性の権利に関して圧力をかけたのは，主にNOWとNWPCであった。しかし，現在，上のような多数の女性・人種マイノリティ・公民権活動関係の組織がリストに含まれ，ネットワークの目的は，女性の権利の擁護・実現からより大きな社会変革に向けられている。HPにも，それは「アメリカのデモクラシーを擁護するだけでなく，それを正義，多人種，フェミニスト・デモクラシーを創りかえる」ために活動し，「新10年戦略ヴィジョンは，人種，ジェンダー，経済，環境の正義を信奉し，主催者，資源集積者，コミュニティ建設者としての役割を再確認する」(https://democracyalliance.org/about/) と明記され，連合を構成する勢力はより拡大している。

さて，再び共和党に目を向けよう。検討しなければならないのは，ティーパーティ運動が共和党に及ぼした影響である。第2章(25-27頁)でも述べたように，2009年に出現したティーパーティ運動が「地域ごとの自発的な運動であり，中央組織にあたるものもなく，運動の仕方も連邦議員への支援も多様」であり，ティーパーティ運動との結びつきの強い連邦議員の特徴が「財政的に保守志向，立法活動において不活発」であったことを考えると，この運動は共和党全体にではなく，特定の連邦議会議員候補者の選挙に影響を及ぼした団体とみなされる。この意味では，1960年代の共和党を特徴づける財政保守の復活の側面をもつ[8]。

やはり共和党を大きく変化させたのは，これらの不満をうまくまとめることができたトランプ大統領であった。彼は「アメリカを再び強い国にする」というスローガンのもとに，2016年の共和党の大統領候補者指名競争に参入し，雇用促進，移民の制限と不法移民の強制送還，TPP離脱，NAFTA見直しを提案した(吉野 2018: 56)。彼は「特殊利益と2大政党の支配階級に反対する物言わぬ多数派(silent majority)」という表現を好んで用い，ポピュリズム感情に訴える選挙運動も展開した(Judis 2016: 72)。こうして当初，泡沫候補でありすぐに脱落するとみなされていたにもか

かわらず，彼は6月には共和党の過半数の代議員を獲得し事実上の候補者となり，11月の本選挙で大統領に選出された。

さらに，トランプ大統領が2020年の大統領選挙で敗れた——彼は敗れたことを認めていない——後も，政党亀裂の構造と対立の強度に大きな変化はない。たとえば，共和党勢力が強い州では，2021年に入ってからの半年の間に，（トランプ大統領を落選させたと評される）「不正投票」を防止するために郵便投票手続きを厳格化し，マイノリティ集団の投票を制限する法律が少なくとも19州で33本制定された。また，連邦最高裁判所のロー対ウェイド判決 (1973年) の見直しを予測して，同時期に90本の妊娠中絶を制限する州法が可決され，その90％は妊娠中絶に批判的な州で作用されたといわれている。ここでいう妊娠中絶に批判的な州とは，保守派やキリスト教右派が大きな力をもつ州であり，すなわち共和党勢力が強い数に他ならない (吉野 2022: 11, 12)。

冒頭でも述べたように，本書の目的は，アメリカの大政党の構造および動態と現在のアメリカ政治の分極化がどのように関係しているのかを解明することにあった。これまでの議論にしたがうと，この問いは，1980年代以降，アメリカの政党システムのもとで，大政党が女性運動に対応したとき，なぜ経済亀裂よりも文化亀裂がより優先されてしまったのか，という疑問におき換えることも可能である。そして，この疑問には次のように答えることができる。

第1に，アメリカの大政党が経済亀裂を反映しているとしても，西欧民主諸国におけるほど直接的・実質的なものではない。西欧民主諸国においては，セクターごとに団体は階統的に組織されることが多く，労働組合はまとまって左派大政党を，経営者団体はまとまって保守政党を支持し，選挙が終わり実際の政治運営が始まった後も，経済団体は保守政党を支援する。しかし，アメリカの大政党には，特定政策を政党政策として決定し，それの実現を図るリーダーは存在しない。そして，それは，最低限の共通する政策選好態度をもつゆるやかな政治公職者の集団に過

ぎない。実際，1860年代，1890年代，1930年代の再編成期には，それぞれ奴隷制廃止の是非，工業化政策の推進の是非，大恐慌後の経済政策の内容と政府の役割をめぐり，政治家と団体・運動の間で激しい意見対立が繰り返された。しかし，一旦決定が下され，政策の方向が決まると，対立は沈静化した。それ以降，詳細な政策決定は，大統領と議会多数党の交渉，有力者や企業・団体による連邦議員へのロビー活動をつうじて行われた。

第2に，1970年代の女性運動が提起したのは，女性個人の権利・生き方をめぐる価値の問題であり，これをめぐり一定の合意やルールをつくることは容易ではなかった。1860年代，1890年代，1930年代の再編成時の解決策はそれぞれ制度変更，政策優先順位の変更，経済資源配分の変更であり，一部に不満は残ったとしても，みな原則的な妥協あるいは便益配分に換算しての妥協は可能であった。しかし，女性の権利をめぐる争点は，これまでの再編成争点とは異なり価値や信条に直接的にかかわる問題であり，とくに妊娠中絶(生殖選択権)は女性の権利を象徴する意味をもっていた。したがって，同一賃金制導入，育児支援(税控除と連邦支援)，性差別の禁止，連邦政府ポストへの女性の任命など多くの一般的な女性の権利問題では大政党間に合意があるにもかかわらず，こと妊娠中絶(生殖選択権)に関しては，深刻な対立状態が続いた。

第3に，両大政党は女性運動を受け入れ，女性運動の比重が日常的啓蒙から選挙に移行しつつある。民主党では，連合構造とそれに由来するボトムアップ決定様式，「社会を周辺から観る」という世界観により，女性運動が他の勢力と共存している。共和党の場合，文化亀裂の一方を代表するキリスト教右派と同盟を結んでおり，反フェミニズム運動が展開されている。さらに，第4章(70頁)でも触れたように，「運動社会」の到来とともに，1990年代より，運動と政党が長期的に相互に作用しあう慣行が定着し，運動は，選挙運動に影響力を及ぼすために新しい論争の集合活動を採用し，積極的に選挙連合に加わるようになっている。

まさにその動きの事例となっているのが，民主党の「デモクラシー同盟」による多様な運動のネットワーク化と活動および選挙資金への援助である。そして，多くの運動と団体が参入する中で，かつて大きな発言力を誇った労働組合の影響力も低下している。

このような変化に注目し，ヒルトン（Adam Hilton）はとくに民主党を「アドヴォカシー政党（Advocacy Party）」と命名した。その特徴は，正当性と組織支持を求めて政党はますます外部集団に依存し，同時に象徴的・実質的な要求を満たすために行政部と大統領に依存することにある。民主党が「一般庶民の党」のイメージをもち，マイノリティ集団と連携していることを考えると，民主党を共和党から区別するのは，人々とマイノリティ集団の声を主張するという点である。そして，民主党がこのように変質したのは，1960年代末および1970年代以降の多様な政治的主張が爆発的に表明されるようになって以来，多くの利益団体と非営利団体が，政党の求める財とサービスを提供するようになり，さらに政治資金規正法の改正により，団体が政党に資金を提供することが容易になったからである（Hilton 2021: 2, 15-17）。

要するに，アメリカの政党システムは，多くの制度的制約を受けながら，その能力の範囲内でこれまで政治社会の変化に対応してきた。大政党は多様な運動に直面し，自身の利益になると判断したとき，選挙動員手段をもつ運動と同盟を形成した（民主党は1930年代に労働組合と同盟を形成し，共和党は1970年代末にキリスト教右派と同盟を形成した）。しかし，1970年代の女性運動は女性の権利を価値や信条に直結する問題として提示し，保守勢力が政治化する過程で，フェミニズム運動が民主党と，反フェミニズム運動が共和党と結びついた。このような対立構造の上に新しい勢力が累積し，現在の政治の分極化の現象が出現したと考えることができる。それにともない，政治家による政策選好・党派性・妥協による合意形成——選挙デモクラシー——の過程に，ときには合意形成を困難にする団体の影響力がもち込まれたのである。そして，選挙民

を2つの「陣営」に分ける過程で，SNSを含むメディアが大きな影響を及ぼしたことはいうまでもない。

注

1 データがなく質問が同一ではないので国別の分析は容易ではないものの，全体としてのパターンは明らかであると指摘している (Dalton 2018: 48, 65-67)。

2 彼は注で，ダブリン大学トリニティカレッジのギャラガー (Michael Gallager) の選挙研究ウェブサイトのデータを使って計算したと述べているものの，その9か国の国名やいずれの国でどのような政党が増加したのかを明らかにしていない (Dalton 2018: 130 n14)。

3 女性運動には2つの起源がある。一方は，1950年代および1960年代の社会運動・抗議運動を経験した若い世代が1960年代末に女性解放を目的につくった分権的で小規模な運動である。他方は，伝統的な政治の中で学校教育を受けた年上の世代が女性差別是正を求めて開始した全国組織に基づく運動である (Freeman 1975: 49-50)。

4 それ以外の項目は，1)ERA，2) 雇用における女性差別の禁止の実行，3) 産休の権利と有給休暇の保証，4) 家事育児費用の課税控除，5) 法律に基づく児童養護施設の設置，6) 平等で差別のない教育，7) 貧しい女性に対する平等な職業訓練と手当の提供である。

5 大統領選挙の一般投票におけるジェンダーギャップは1984年には8％から6％に減少したものの，1996年選挙から拡大している。5回の選挙では10％を超えていた (1996年11％，2000年10％，2012年10％，2016年11％，2020年12％) (Carroll and Fox 2022: 152)。

6 彼は，ブッシュ大統領が選挙運動中の公約に反して連邦政府の赤字削減のために増税を決断したことに不満をもち，パナマ侵攻，湾岸戦争，ソマリア内戦介入などアメリカの海外への軍事的コミットメントの拡大，西欧諸国と日本からの輸入拡大に対する無対応を批判し，1992年の共和党の大統領候補者指名競争に参入した。移民の削減と社会保守主義の実現を訴え，彼は序盤のコーカスで善戦した。

7 「民主主義同盟」に関する文献きわめて少ない。本書では，https://www.huffpost.com/entry/democracy-alliance_n_4064495POLITICS, https://en.wikipedia.org/wiki/Democracy_Alliance#cite_note-23, https://keywiki.org/Democracy_

Alliance などを参考にした。
8 ティーパーティ運動は「小さな政府」を求める原理主義的な保守的運動という印象が強いものの，運動を構成する多数のグループに共通しているのは，アメリカを生産者 (maker) と寄生者 (taker) ——生計を立て税金を支払う者と他人が稼いだもので生活する者——に分ける考え方である。ティーパーティ活動家にとっては，オバマ政権の景気刺激政策，サブプライムローン救済，医療保険制度改革などは生産者を軽視し，寄生者を優先する政策である。また，かつての人民党にとって，銀行家や土地投機者が寄生者であったのと同じように，ティーパーティ活動家にとって，移民は寄生者であった。したがって，地方ティーパーティグループの多くは，「アメリカのポピュリズムの伝統的な部分」であり，彼らは「ジャクソン時代のポピュリストの原型の復活」に他ならなかった (Judis 2016: 56, 57)。

第6章
結　論

1. 政党システムのダイナミズムと政治の分極化の関係

　本書の目的は，アメリカの政党システムの仕組みと政治の分極化の関係を明らかにすることにあった。まず明らかになったのは，これまでアメリカの政党システムの変化のメカニズムが正しく理解されていなかったという点である。1950年代以降，政党システムの変化はもっぱら選挙結果に基づき選挙民の中の政党システムの再編成という概念で研究され，多くの研究者が理論的精緻化の努力をした。しかし，1970年代以降，多くの修正の試みがなされたにもかかわらず，再編成理論では現実を説明することができなかった。そこで，研究に社会運動の視点を導入すると，1860年代以降，政党システムの変化は運動から影響を受けていること，とくに1930年代には労働組合が民主党と，1970年代にはキリスト教右派が共和党と同盟を形成したことが判明した。結果として，両大政党の政策優先順位が固定化され，政党システムが硬直化したことが明らかになった。

　次に明らかになったのは，政治の分極化が，アメリカの政党システムの構造だけではなく，政治の対立構造の変化からも大きな影響を受けてきたという点である。当初，フェミニズム運動は両大政党に働きかけることを意図し，民主党，共和党の順で接近した。しかし，運動が展開する過程で，反フェミニスト運動が起こり，フェミニズム運動は民主党への一層の浸透を図り，反フェミニズム運動は，保守化しキリスト教右派

と関係を深めていた共和党に浸透した。ここで政策は，民主党の「大きな政府路線と女性の権利を認める政策」，共和党の「小さな政府路線と家族価値を重視する政策」にまとめられた。さらに1990年代には共和党にポピュリズムの流れが，2000年初頭には民主党に進歩主義の流れが，2010年には共和党にティーパーティ勢力が加わり，2大政党が多様な政策選択肢を包括し対立を増幅する装置となったのである。

　さらに重要なのは，政治の分極化の一因となっている文化対立の意味である。1970年代に女性運動が提起した問題がきわめて深刻であった。女性運動が主張するのは政治における女性の権利，社会生活や家庭における女性の役割の見直しであり，これは公的な問題であると同時に，個人の認識・選好の問題でもあった。したがって，価値をめぐる意見対立を政府レベルで政党が調停するのは容易ではなく，また，たとえ政府レベルで暫定的もしくは部分的な合意が成立したとしても，フェミニスト団体も反フェミニスト団体もそれに完全には納得しない可能性が高い。

　しかも，フェミニスト運動やブラック運動の背後には，これまでの白人男性中心のアメリカ史を書き直そうという動きがあると指摘されている。それが，従来のアメリカの政治社会の理論や説明にマイノリティや女性に対する差別を見出そうとするポリティカルコレクトネス（political correctness）の運動であり，白人男性中心の慣行や見方を否定しようするキャンセルカルチャー（cancel culture）の運動である（前嶋2022: 8-39）[1]。私的（personal）なものを政治の場に引き出さないと何も変わらないというのがフェミニズム運動やジェンダー論の根本理念であり，その主張に根拠はある。しかし，価値対立をめぐる問題を政治の場で解決し何らかの合意を形成するのは実際にはきわめて難しい。この意味で，政治の分極化は，私的な価値対立にかかわる問題を政治の場で解決することを許容するアメリカの政治社会，そして，それを加速させる「運動社会」がつくり出した厄介な問題であるともいえるであろう。

2. 政治の分極化を克服する道

　それでは，現在のアメリカ政治の分極化を抑制し，さらにこれを克服するためには何が必要であろうか。これには2つの考え方がある。

　第1は，時間の経過により政治の分極化が緩和されるという考え方である。2060年にはアメリカの総人口に占める非ヒスパニック系の白人の比率が44.3％に低下することが予想[2]され，また，キリスト教信者の数が減少してきている[3]ことを考えると，早晩，白人およびキリスト教右派の動員力は小さなものとなろう。より短期的には，もしトランプ前大統領が何らかの理由で政治の世界から退くと，現在，政治の分極化を促進しているトランプ支持の保守派岩盤勢力はリーダーを失い，その政治的影響力が小さくなることが予測される。いずれにせよ，こうした過程を経て，大政党の若手リーダーにより新しい争点のもとでの新しい大政党の競争関係が達成されるかもしれない。

　第2は，制度改革により政治の分極化を緩和しようという考え方である。これまでもアメリカの2党システム，大統領選挙制度などは批判の対象であった。たとえば，2党システムは選挙民の選択の幅を狭め，「専制」政治を導くといった指摘 (Lowi and Romace 1998; Disch 2002)，一般投票で勝利した候補者が選挙人投票で勝利した候補者に敗れるのはおかしいといった議論がそれである。しかしながら，アメリカの制度を根本的に変更するよりも，アメリカに固有の選挙デモクラシーを維持し，救済し，さらには強化する方法を考える方が現実的であろう。

　そもそも，アメリカのデモクラシーは選挙デモクラシーとみなされ，それは2大政党システムの枠組みのもとで，大統領，連邦下院議員，連邦上院議員が政策選好と政党所属に基づいて多数派形成を行い，必要なら妥協を重ねて超党派で多数派を形成し問題を解決しようとする政治様式を指す。これは厳格な権力分離，連邦制という制度と，「2党競争の構造」と「集団競争の構造」という非公式の慣行をつうじて，長い時間

をかけて形成されてきた。したがって，これらの制度と慣行を変更することは容易ではない。憲法改正をつうじて厳格な権力分離制，連邦制という制度を変更することは事実上不可能であるし，アメリカの政治経済を現実に動かしている「集団競争の構造」を変えることはできない。また，「2 党競争の構造」は，予備選挙の実施方法や選挙における大政党の優越的地位は州法によって詳細に規定され，それを変更することは容易なことではない。さらに，「2 党競争の構造」は，50 州の政治アクターに共通の活動の場だけでなく，地方から州へ，州から連邦へと政治家が昇進するルート（吉野 2005: 19）も提供している。

このような文脈において注目されるのは，最近の政治の分極化に直面して，現実を重視したより新しい議論と改革案を提示したドラットマン（Lee Drutman）である。

彼は『2 党破壊のスパイラルの中断：アメリカにおける多党デモクラシーの根拠』（2020 年）の中で，現在のアメリカの政治的混乱の本質的原因は，かつて妥協志向の政治制度と協働してきた「包容力があり，非凝集的で重複的な 2 大政党」が 2 つの異なる国家認識のビジョンに沿って分割されてしまったことにあると指摘する。ここでいう国家認識のビジョンとは，白人キリスト教徒中心の伝統的価値を尊重する過去を理想とするのか，それとも人種・ジェンダー・性別・その他の歴史的差別にかかわりなく，すべての者が自身の潜在力を実現することができる多様性のある国を理想とするのかの 2 つである。その結果，リベラル派民主党，保守派民主党，リベラル派共和党，保守派共和党という「隠された 4 党システム」を内部に含み，政治問題により柔軟に対応することができた従来のゆるやかな 2 党システムが消滅してしまったのである（Drutman 2020: 2-3, 13）[4]。

このような分析に基づき，彼は「唯一の解決策は（分断を）段階的に縮小させ（de-escalate）ることであり，それを行う唯一の方法は，政党を分割することである」（Drutman 2020: 9）と指摘し，「アメリカデモクラシー

救済法 (Save American Democracy Act)」の名のもとに，1) 連邦上院議員選挙への単独勝者順位付け投票 (single-winner ranked-choice voting) の導入，2) 連邦下院議席を 700 に増員，3) 複数勝者（比例）順位付け投票 (multi-winner (protrtional) ranked choice voking) の導入と連邦下院議員の 3〜5 人区の採用，4) 連邦議会議員予備選挙の廃止を骨子とする大幅な連邦議会制度改革 (Drutman 2020: 204) を提案し，アメリカが西欧民主国型の多党デモクラシー (multiparty democracy) に移行すべきと主張する[5]。

　彼は西欧民主国型の多党デモクラシーという用語を使いつつも，アメリカに議院内閣制や比例代表制の導入など根本的な制度改革を行うことを主張してはいない。彼が求めているのは連邦議会の中に妥協を可能にする多党空間を創出することであり，選挙デモクラシーを維持することを前提にした議論であることは注目に値する。さらに，アメリカにおける制度と慣行は政治社会に深く根ざし，彼のいう改革が期待どおりに進まないとしても，連邦議会の中に多党空間を創出すべきという論点はきわめて重要である。

　また，選挙デモクラシーを機能させるためにもう 1 つ必要なのは，各大政党の所属議員の多様化を図ることである。かつて選挙デモクラシーが機能したのは，大政党には多様なイデオロギー志向と政策選好をもつ議員がおり，必要なら政党境界線をこえて妥協し，超党派で問題を解決してきたからである。しかしながら，1990 年代以降に大政党の分極化が進み，政策対立が激化する中で，民主党からは保守的な議員が，共和党からはリベラルな議員が減少し，大政党の所属議員のイデオロギー志向と政策選好の同質化がますます進んでしまったのである。これがまさに最近の連邦議会投票における政党凝集性の高まりの背後にある。

　保守的であれリベラル・進歩的であれイデオロギー的に過激な議員が増えると，穏健派議員の政策効果は限定され，昇進の道も閉ざされる。また，穏健派議員は自分たちと世界観を共有しない同僚議員と相互作用を行うことに苦痛を感じる。その結果として，穏健派議員にとって連邦

議会議員選挙に立候補し，議員活動を続ける便益は小さくなる (Thomsen 2017: 13)。大政党の政策対立が先鋭化すると，ますます穏健派議員の数が減少し，これが議会政党の分極化が長期にわたり続いてきた理由である。したがって，各選挙区の選挙民の同質化を防ぎ多様化させ (Rosenbluth and Shapiro 2018: 247)，あるいは議員給与を引き上げる (Hall 2019: 101-102) などして，穏健派議員の数を増やす努力をしなければならない。ただし，大政党が分極化し，各政党の穏健派議員が減少し，所属議員が同質化するというスパイラルが停止されない限り，穏健派議員数の増加を期待するのは容易ではない。

　ところで，制度改革だけでは，政治の分極化を抑制することはできないし，さらにはそれを克服することはできない。というのは，制度改革をし，たとえそれが成功したとしても，政治の分極化を生み出した根本的問題は解決されないからである。

　政治の分極化を作り出した要因の1つに，経済のグローバリゼーションにともなって発生した産業空洞化と雇用喪失の問題を連邦政府が解決してこなかったことが挙げられる。すでに30年前の1990年代にペローとブキャナンの第三党運動によってこの問題が大統領選挙の争点として提起されていた。それにもかかわらず，連邦政府はこの問題に真剣に取り組むことはなかったし，マスメディアもこの問題を真剣に取り上げることはなかった。その結果，雇用の減少，賃金水準の低下，外国人労働者の流入，中間層の収縮，経済的不平等の拡大などの問題が未解決のまま残され，白人労働者層の「怒り」が蓄積された。これを動員・組織化して当選したのが，他ならぬトランプ大統領であった。

　政治家はこの問題の解決に超党派で取り組む必要がある。経済のグローバリゼーションの製造業雇用に対する効果が再評価され，アメリカ国内から製造業の雇用が消えた本当の理由は，「製造工程の自動化や生産性の向上といった技術の進歩」にある (ウィリアムズ 2017: 144-145) と指摘されている。また，対中国政策との関連で，製造業の国内育成が重要

であることが認識されつつある。したがって，もし多くの政治家がこの問題の重要性を認識し，超党派で立法作業を行い，世論にアピールするなら，中産階級の育成に対する国民一般の関心は高まるであろう。国民一般の関心が高まると，両大政党と所属議員の多くは中産階級の育成という経済問題により大きな関心をもつことになり，政治空間における文化亀裂にかかわる論争の激しさが低下するであろう。

　個人の発案であれ団体や運動によって提起されたものであれ，新しい政策アイディアを連邦政府内で提示し，問題解決の方向を示すのは政治家——大統領と連邦議会議員——の役割である。問題解決の方向が決まると，政党システムがそれを政策化し審議するための政治空間を構成する。政治家はこれまでの不作為・怠慢の責任を認識して政策アクションを起こし，政党システムを機能させるよう誘導しなければならない。

注

1　女性や黒人の解放を求める運動にも，解放の神学，黒人神学といった教義がある。詳細は，栗林輝夫 (2004)『現代神学の最前線「バルト以降」の半世紀を読む』新教出版社，59-88, 107-120 頁を参照。

2　アメリカ人口統計局によると，2016 年に 61.3％であった総人口に占める非ヒスパニックの白人の比率は，2030 年には 55.8％，2060 年には 44.3％になると予測される (https://www.census.gov/content/dam/Census/library/publications/2020/demo/p25-1144.pdf)。アメリカでは，ヒスパニックとは「メキシコ系・プエルトリコ系・キューバ系のほか，出身がスペイン，中南米のスペイン語圏の国，もしくはドミニカ共和国の人々」(https://www.census.gov/acs/www/about/why-we-ask-each-question/ethnicity/) を指すので，非ヒスパニックの白人は西欧・北欧系の白人を意味する。

3　ピューリサーチセンター (Pew Research Center) の調査によると，1972 年には，宗派選好を問われて 90％がキリスト教，5％が無宗教 (religiously nonaffiliated) と答えた。2017 年になると，キリスト教と答えた者の比率は 63％に低下し，無宗教と答えた者の比率は 29％に増加した。また，30〜34 歳の若者の間で家族ともにキリスト教と答えた者の比率が 1990 年には 90％

であったものが，2020年には65％に低下し，家族とともに無宗教と答えた者の比率は1990年に49％であったものが，2020年には73％に増加した（https://www.pewresearch.org/religion/2022/09/13/how-u-s-religious-composition-has-changed-in-recent-decades/）。

4 「隠された4党システム」とは，「文化的にリベラルな北東部，北・中西部，西海岸，大都市におけるリベラルな民主党議員と共和党議員，農村・伝統地域と南部における保守的な民主党議員と共和党議員から構成され，それぞれが自身の価値と争点立場をもち，いずれもが過半数に達せず，すべてが交渉になる」(Drutman 2020: 3-4) システムである。ドラットマンは政党システムが変貌した要因として，1) 公民権問題は長期にわたる再編成を開始した，2) 政党が専門化し全国化した，3) 労働組合の衰退と選挙運動コストの上昇が政治の光景を変えた，4) これらの変化に対応する過程で政党連合は現在の形になった，を挙げている (Drutman 2020: 12, 58-81)。

5 彼は，1) アメリカ史においても（たとえ一時的であっても）比例代表制の導入などを含む多くの改革が行われた，2) 世論調査ではアメリカの選挙民の政治不満は大きく，選挙民の過半数は2党以上の多くの政党を望み，アメリカのイデオロギー的多様性を考えると最低5～6の政党が必要である（Drutman 2020: 253-259）と指摘し，制度改革の実現には楽観的である。

参考文献

Abramson, Paul L. (1978) "Generational Replacement and Partisan Dealignment in Britain and the United States," *British Journal of Political Science*, Vol.8, No.4, October.

Abramowitz, Alan I., and Kyle L. Sanders (1998) "Ideological Realignment in the U.S. Electorate," *The Journal of Politics*, Vol.60, No.3, August.

Aldrich, John H. (1995) *Why Parties?: The Origin and Transformation of Party Politics in America*, University of Chicago Press.

Aldrich, John H., and Richard G. Niemi (1996) "The Sixth American Party System: Electoral Change, 1952-1992," in Stephen C. Craig, ed., *Broken Contract? : Changing Relationships between Americans and Their Government*, Westview Press.

Aldrich, John H. (1999) "Political Parties in a Critical Era," *American Politics Quarterly*, Vol.27, No.1, January.

Argersinger, Peter H., and John W. Jeffriesl (1986) "American Electoral History: Party Systems and Voting Behavior," in Samuel Long, ed., *Research in Micropolitics: A Research Annual, Vol.1, Voting Behavior*, JAI.

Baer, Denise L., and David A. Bositis (1988) *Elite Cadres and Party Coalitions: Representing the Public in Party Politics*, Greenwood Press.

Bawn, Kathleen, Martin Cohen, David Karol, Seth Masket, Hans Noel and John Zaller (2012) "A Theory of Political Parties: Groups, Policy Demands and Nominations in American Politics," *Perspectives on Politics*, Vol.10, No.3. http://journals.cambridge.org/abstract_S1537592712001624.

Beck, Paul Allen (1974) "A Socialization Theory of Partisan Realignment," in Richard G. Niemi, *The Politics of Future Citizens*, Jossey-Bass.

Beck, Paul Allen (1977) "Partisan Dealignment in the Postwar South," *The American Political Science Review*, Vol.71, No.2, June.

Beck, Paul Allen (1979) "The Electoral Cycle and Patterns of American Politics," *British Journal of Political Science*, Vol.9, No.2, April.

Beck, Paul Allen (1984) "The Dealignment Era in America," in Dalton, Flanigan, and Beck, eds., *Electoral Change in Advanced Industrial Democracies: Realignment and Dealignment*, Princeton University Press.

Brady, David W. (1978) "Critical Elections, Congressional Parties, and Clusters of Policy Changes," *British Journal of Political Science*, Vol.8, No.1, January.

Brady, David W. (1988) "Congressional Party Realignment and Transformations of Public Policy in Three Realignment Eras," *American Journal of Political Science*, Vol.12, No.2, May 1982.

Brady, David W. (1988) *Critical Elections and Congressional Policy Making*, Stanford University Press.

Brady, David W., and Charles S. Bullock, III (1981) "Coalition Politics in the House of Representatives," in Dodd, Lawrence C., and Bruce I. Oppenheimer, eds., *Congress Reconsidered*, 2nd ed., CQ Press.

Burnham, Walter Dean (1967) "Party Systems and the Political System" in Chambers and Burnham, eds., *The American Party Systems: Stages of Political Development*, Oxford University Press.

Burnham, Walter Dean (1970) *Critical Elections and the Mainsprings of American Politics*, Free Press.

Busch, Andrew E. ed. (2020) *The Rules and Politics of American Primaries: A State-by-State Guide to Republican and Democratic Primaries and Caucuses,* ABC-Clio.

Campbell, Angus, Philip E. Converse, Warren Miller, and Donald E. Stokes (1960) *The American Voter*, University of Chicago Press.

Campbell, Angus, Philip E. Converse, Warren Miller, and Donald E. Stokes (1966) *Elections and the Political Order*, Wiley.

Carmines, Edward G., John P. McIver, and James A. Stimson (1987) "Unrealized Partisanship: A Theory of De-alignment," *The Journal of Politics*, Vol.49, No.2, May.

Carmines, Edward G., and James A. Stimson (1989) *Issue Evolution: Race and Transformation of American Politics*, Princeton University Press.

Carroll, Susan J., and Richard L. Fox (2022) *Gender and Elections: Shaping the Future of American Politics*, Cambridge University Press.

Ceaser, James W., and Andrew E. Busch (2005) *Red Over Blue: The 2004 Elections and American Politics*, Rowman & Littlefield.

Chambers, William Nisbet, and Walter Dean Burnham, eds. (1967) *The American Party Systems: Stages of Political Development*, Oxford University Press.

Chambers, William Nisbet (1967) "Party Development and the American Mainstream," in Chambers and Burnham, eds., *The American Party Systems: Stages of Political Development,*

Oxford University Press.

Clubb, Jerome M., William H. Flanigan, and Nancy H. Zingale (1980) *Partisan Realignment: Voters, Parties, and Government in American History*, Westview Press.

Congressional Quarterly (1994) *Congressional Quarterly's Guide to U. S. Elections*, 3rd ed.

Costain, Anne N., and W. Douglas Costain (1987) "Strategy and Tactics of the Women's Movement in the United States: The Role of Political Parties," in Katzenstein, Mary Fainsod, and Carol McClurg Mueller, eds., The Women's Movements of the United States and Western Europe, Temple University Press.

Crotty, William ed. (1991) *Political Science: Looking to the Future Volume Four, American Institutions*, Northwestern University Press.

Crotty, William ed. (2015) *Polarized Politics: The Impact of Divisiveness in the US Political System*, Lynne Rienner.

Dalton, Russell, J., Paul Allen Beck, and Scott C. Flanagan, eds. (1984) "Electoral Change in Advanced Industrial Democracies," in Dalton, Flanigan, and Beck, eds., *Electoral Change in Advanced Industrial Democracies: Realignment and Dealignment*, Princeton University Press.

Dalton, Russell J. (2018) *Political Realignment: Economics, Culture, and Electoral Change*, Oxford University Press.

Davis, James W. (1980) *Presidential Primaries: Road to the White House*, Greenwood Press.

Disch, Lisa Jane (2002) *The Tyranny of Two-Party System*, Columbia University Press.

Drutman, Lee (2020) *Breaking the Two-Party Doom Loop: The Case for Multiparty Democracy in America*, Oxford University Press.

Epstein, Leon D. (1986) *Political Parties in the American Mold*, Wisconsin University Press.

Federal Election Commission *"Public funding of presidential elections"* https://www.fec.gov/introduction-campaign-finance/understanding-ways-support-federal-candidates/presidential-elections/public-funding-presidential-elections/.

Freeman, Jo (1975) *The Politics of Women's Liberation: A Case Study of an Emerging Social Movement and its Relation to the Policy Process*, Longman.

Freeman, Jo (1986) "The Political Culture of the Democratic and Republican Parties," in *Political Science Quarterly* 101(3) 327-356.

Freeman, Jo (1987) "When You Know versus Whom You Represent: Feminist Influence in the Democratic and Republican Parties," in Katzenstein, Mary Fainsod, and Carol McClurg Mueller, eds., *The Women's Movements of the United States and Western Europe*,

Temple University Press.

Freeman, Jo (2008) *We Will Be Heard: Women's Struggle for Political Power in the United States*, Roman & Littlefield.

Gervais, Bryan T., and Irwin L. Morris (2018) *Reactionary Republicanism: How the Tea Party in the House Paved the Way for Trump's Victory*, Oxford University Press.

Hall, Andrew B. (2019) *Who Wants to Run?: How the Devaluing of Political Office Drives Polarization*, University of Chicago Press.

Hershey, Marjorie R. (2005) *Party Politics in America*, 11th ed., Longman.

Hershey, Marjorie R. (2007) *Party Politics in America*, 12th ed., Longman.

Hershey, Marjorie R. (2021) *Party Politics in America*, 18th ed., Routledge.

Hilton, Adam (2021) *True Blues: The Contentious Transformation of the Democratic Party*, University of Pennsylvania Press.

Horowitz, David, and Jacob Laksin (2012) *The New Leviathan: How the Left-Wing Money Machine Shapes American Politics and Threatens America's Future*, Crown Forum.

Inglehart, Roald, and Avram Hochstein (1972) "Alignment and De-alignment of the Electorate in France and United States," *Comparative Political Studies*, Vol.5, No.3, October.

Jacobs, Francis (1989) *Western European Political Parties: A Comprehensive Guide*, Longman.

Judis, Jon B. (2016) *The Populist Explosion: How the Great Recession Transformed American and European Politics*, Columbia Global Reports.

Key, V. O. Jr. (1955) "A Theory of Critical Elections," *The Journal of Politics*, Vol.17, No.1, February.

Kingdon, John W. (1989) *Congressmen's Voting Decisions*, 3rd ed., University of Michigan Press.

Kickler, Troy L. "The Conservative Manifesto," https://northcarolinahistory.org/encyclopedia/the-conservative-manifesto/.

Klein, Ezra (2020) *Why We're Polarized*, Profile Books.

Ladd, Everett Carl, Jr. with Charles D. Hadley (1975) *Transformations of the American Party System: Political Coalitions from the New Deal to the 1970s*, Norton.

Lichtman, Allan J. (1976) "Critical Election Theory and the Reality of American Presidential Politics, 1916-40," *The American Historical Review*, Vol.81, No.2, April.

Lind, Michael (2020) *The New Class War: Saving Democracy from the Metropolitan Elite*, Atlantic Book.

Lowi, Theodore J., and Joseph Romance (1998) *Republic of Parties?: Debating the Two-Party System*, Rowman & Littlefield.

Lubell, Samuel (1952) *The Future of American Politics*, Harper.

Mackie, Thomas T., and Richard Rose (1991) *The International Almanac of Electoral History*, 3rd ed., Palgrave Macmillan.

Maisel, L. Sandy (1999) *Parties and Elections in America: The Electoral Process*, 3rd ed., Rowman & Littlefield.

Mann, Thomas E., and Norman J. Ornstein (2012) *It's Even Worse Than It Looks: How the American Constitutional System Collided with the New Politics of Extremism*, Basic Books.

Mayhew, David R (2002) *Electoral Realignment: A Critique of an American Genre*, Yale University Press.

McCarthy, Nolan, Keith T. Poole, and Howard Rosenthal (2016) *Polarized America: The Dance of Ideology and Unequal Riches*, Second ed., MIT Press.

McCormick, Richard L. (1986) *The Party Period and Public Policy: American Politics from the Age of Jackson to the Progressive Era*, Oxford University Press.

Meyer, David S., and Sidney Tarrow (1998) *The Social Movement Society: People, Passion and Power*, Rowman & Littlefield.

Milkis, Sidney M., and Daniel J. Tichenor (2019) *Rivalry and Reform: Presidents, Social Movements and the Transformation of American Politics*, University of Chicago Press.

Miller, Suzanne, and Heinrich Potthoff (1986) *A History of German Social Democracy: From 1848 to the Present*. Berg/St. Martin's Press.

Moore, John L. (1994) *Congressional Quarterly's Guide to U.S. Elections*, 3rd ed., CQ Press.

Nelson, Michael (1989) "Constitutional Aspects of the Elections," in M. Nelson, ed., *The Elections of 1988*, CQ Press.

Nivola, Pietro S., and David W. Brady, eds. (2006) *Red and Blue Nation?: Characteristics and Causes of America's Polarized Politics*, Vol. One, Hoover Institution on War, Revolution, and Peace/Brookings Institution Press.

Norpoth, Helmut, and Jerrold G. Rusk (1982) "Partisan Dealignment in the American Electorate: Itemizing the Deductions since 1964," *The American Political Science Review*, Vol.76, No.3, September.

Page, Benjamin I., and Lawrence R. Jacob (2009) *Class War?: What Americans Really Think About Economic Ineqality*, University of Chicago Press.

Patterson, James T. (1967) *Congressional Conservatism and the New Deal: The Growth of the*

Conservative Coalition in Congress, 1933-1939, Greenwood Press.

Paulson, Arthur C. (2000) *Realignment and Party Revival: Understanding American Electoral Politics at the Turn of the Twenty-First Century*, Praeger.

Paulson, Arthur C. (2007) *Electoral Realignment and the Outlook for American Democracy*, Northeastern University Press.

Paulson, Arthur C. (2015) "From Umbrella Parties to Polarized Parties," in Crotty, William ed., *Polarized Politics: The Impact of Divisiveness in the US Political System*, Lynne Rienner.

Pomper, Gerald M., and Marc D. Weiner (2015) "Structural Sources of Political Polarization," in Crotty, William ed., *Polarized Politics: The Impact of Divisiveness in the US Political System*, Lynne Rienner.

Reichley, A.James. (1992) *The Life of the Parties: A History of American Political Parties*, Free Press.

Rosenbluth, Frances McCall, and Ian Shapiro (2018) *Responsible Parties: Saving Democracy From Itself*, Yale University Press.

Rosenof, Theodore (2003) *Realignment: The Theory That Changed the Way We Think About American Politics*, Rowman & Littlefield.

Rosenstone, Steven J., Roy L. Behr, and Edward H. Lazarus (1996) *Third Parties in America*, 2nd ed., Princeton University Press.

Saeki, Manabu (2016) *The Phantom of a Polarized America: Myths and Truths of An Ideological Divide*, SUNY Press.

Sanbonmatsu, Kira (2002) *Democrats/Republicans and Politics of Women's Place*, University of Michigan Press.

Sanders, Kyle L., and Alan I. Abramowitz (2004) "Ideological Realignment and Active Partisans in the American Electorate," *American Political Research*, Vol.32, No.3, May.

Schlozman, Daniel (2015) *When Movements Anchor Parties: Electoral Alignments in American History*, Princeton University Press.

Shea, Daniel M. (1999) "The Passing of Realignment and the Advent of the 'Base-Less' Party System," *American Politics Quarterly*, Vol.27, No.1, January.

Sorauf, Frank J. (1967) "Political Parties and Political Analysis," in Chambers and Burnham, eds., *The American Party Systems: Stages of Political Development*, Oxford University Press.

Sorauf, Frank J. (1984) *Party Politics in America*, 5th ed., Little, Brown and Company.

Sorauf, Frank J. (1988) *Party Politics in America*, 6th ed., Scott, Foresman and Company.

Stanley, Harold W., and Richard G. Niemi (2015) *Vital Statistics on American Politics 2015-1016: The Definitive Source for Data and Analysis on U.S. Politics and Government*, CQ Press.

Stonecash, Jeffrey M. (2006) *Political Parties Matter: Realignment and the Return of Partisan Voting*, Lynne Rienner.

Stonecash, Jeffrey M.(2013) *Party Pursuits and the Presidential-House Election Connection, 1900-2008*, Cambridge University Press.

Sundquist, James L. (1973) *Dynamics of the Party System: Alignment and Realignment of Political Parties in the United States*, Brookings Institution.

Tarrow, Sidney (2021) *Movements and Parties: Critical Connections in American Political Development*, Cambridge University Press.

Thomsen, Danielle M. (2017) *Opting Out of Congress: Partisan Polarization and the Decline of Moderate Candidates*, Cambridge University Press.

Thorpe, Andrew (2008) *A History of the British Labour Party*, 3rd ed., Palgrave Macmillan.

Tilly, Charles, and Sidney Tarrow (2015) *Contentious Politics*, 2nd ed., Oxford University Press.

Truman David B. (1951) *The Governmental Process: Political Interests and Public Opinion*, Alfred A. Knopf.

Trilling, Richard J., and Bruce A. Campbell (1980) "Toward a Theory of Realignment: An Introduction," in Trilling and Campbell, eds., *Realignment in American Politics: Toward a Theory*, University of Texas Press.

U. S. Census Bureau (1975) Historical Statistics of the United States, Colonial Times to 1970. https://www2.census.gov/library/publications/1975/compendia/hist_stats_colonial-1970/hist_stats_colonial-1970p2-chY.pdf.

Wattenberg, Martin P. (1990) *The Decline of American Political Parties*, Harvard University Press.

Wilson, James Q. (1985) "Realignment at the Top, Dealignment at the Bottom," in Austin Ranney, ed., *The American Elections of 1984*, AEI.

Wolbrecht, Cristina (2000) *The Politics of Women's Rights: Parties, Positions, and Change*, Princeton University Press.

Young, Lisa (2000) *Feminists and Party Politics*, UBC Press.

ウィリアムズ，ジョーン C. (2017)『アメリカを動かす「ホワイト・ワーキング・クラス」という人々：世界に吹き荒れるポピュリズムを支える"真・中間層"の実体』山田美明・井上大剛訳，集英社。

キングダン，ジョン (2017)『アジェンダ・選択肢・公共政策：政策はどのように決まるのか』笠京子訳，勁草書房。

内田満 (1980)「アメリカ圧力団体の無党派性のその変貌」『アメリカ圧力団体の研究』三一書房。

西山隆行 (2016)『移民大国アメリカ』ちくま新書。

前嶋和弘 (2022)『キャンセルカルチャー：アメリカ，貶めあう社会』小学館。

松本俊太 (2017)『アメリカ大統領は分極化した議会で何ができるか』ミネルヴァ書房。

吉野孝 (1992)「アメリカにおける法的規制の展開と理念」『早稲田政治経済學雑誌』第 309・310 合併号。

吉野孝 (1995)「候補者中心の選挙過程と政党の役割」，五十嵐武士・古矢旬・松本礼二編『アメリカの社会と政治』有斐閣。

吉野孝 (2000)「政党研究と新制度論アプローチ：アメリカ連邦下院の政党指導部の活性化と『条件つき政党政治』理論を中心に」『早稲田政治経済學雑誌』第 341 号。

吉野孝 (2005)「アメリカ政治学における政治的リクルートメントの研究」『早稲田政治経済學雑誌』第 358 号。

吉野孝・前嶋和弘編著 (2012)『オバマ政権と過渡期のアメリカ社会：選挙，政党，制度，メディア，対外政策』東信堂。

吉野孝 (2018)「トランプ政権の新移民政策とその効果」早稲田大学地域・地域間研究機構『ワセダアジアレビュー：From Asia to Global』No.20, 56-65 頁。

吉野孝・前嶋和弘編著 (2020)『危機のアメリカ「選挙デモクラシー」：社会経済変化からトランプ現象へ』東信堂。

吉野孝 (2022)「トランプ政権後の共和党：分極化政策の動向」早稲田大学地域・地域間研究機構『ワセダアジアレビュー：From Asia to Global』No.24, 8-14 頁。

あとがき

　アメリカ政党はきわめて興味深い研究対象である。民主・共和2大政党は，厳格な権力分離制と連邦制というアメリカ特有の制度に基づき，政党機構の分権性，議会内の政党規律の低さ，党員概念のゆるさという特質をもっており，多数のアクターが参加する「ゆるやかな政治空間」を形成してきた。議院内閣制を採用し政党が凝集的政策形成の担い手である西欧民主諸国からみると，アメリカの大政党は弱体で欠陥が多い。しかし，そのような「ゆるやかな政治空間」を形成してきた結果として，アメリカの大政党は，50州および多様な人種から構成される大国アメリカを長期にわたり存続することを可能にしてきた。

　政党および政党政治の研究テーマは，時代ともに変化している。たとえば1950年代から1960年代にかけては，アメリカ政党の議会内の凝集性と政策形成能力の強化を求める研究者──「責任政党政治学派（responsible party government school）」と称される──と現状の「ゆるやかな政治空間」を肯定する研究者の間で論争が続いた。1960年代末からは選挙民の政党離れを重要視する研究者は政党衰退論を提示し，1980年代中頃以降は，全国政党機関の権限強化や全国政党本部の政治資金調達や資源配分の強化が指摘された。さらに1970年代初頭から民主党から始まる全国党大会代議員選出規則をめぐる改革が研究テーマとなり，多くの州で予備選挙が大統領候補者指名過程に採用されルールが固定されると，大統領候補者指名手続きへの関心は低下した。

このように研究テーマが多様であるにもかかわらず，最近の政党研究の対象は2つの領域に集中する傾向があった。一方の領域は，投票行動研究に基礎をおく選挙民の中での政党システムの再編成の研究である。本書でも詳細に論じたように，この研究は1950年代に始まり，最近までそれをめぐる議論は続いてきた。他方の領域は，議会政党の所属議員コントロールや多数派形成に関する研究である。1980年代末から連邦議会の政党指導部の権限が強化され，たとえばローデとオールドリッチは共通政策の達成のためにメンバーが指導部に権限を付与する条件つき政党政治 (conditional party government) の理論を提示し[1]，コックス (Gary W. Cox) とマッカビンズ (Matthew D. McCubbins) はアジェンダセッティング・カルテルの理論を提示した[2]。さらに，コガー (Gregory Koger) とレボ (Matthew J. Lebo) は連邦議会政党指導部の戦略を重視した戦略的政党政治 (strategic party government) の理論を提示した[3]。

しかしながら，困ったことに，これらの研究領域は依拠する前提が異なる——前者は従来型の再編成概念，後者は合理的選択理論——ためか，同じアメリカの政党政治を分析しつつも，両者の間に接点はほとんど存在しなかった。さらに，2000年代に入ってから，政治の分極化に関する多数の研究が登場した。これら3領域の研究はやはりそれぞれ個別のものとして進められ，接点をもたなかった。本書は，これらばらばらになされてきたアメリカ政党研究に橋渡しをし，さらに女性運動の研究などを加えて，政党システム変化のメカニズムを解明し，政党システムと政治の分極化の関係を明らかにするという意図のもとに執筆された。

そのために，なぜ政党研究の中で政党システムの概念が研究対象になったのか，なぜ選挙民の中での政党システムの再編成理論が多くの研究者を巻き込んだ主要な研究課題になったのか，また，なぜこれまで政党研究と集団研究の関係が疎遠であったのかなどの疑問を明らかにする必要があり，本書では学説史的説明に多くの紙面を割いている。方法論の発達により最近の若手研究者は計量手法やより高度なデータ分析を好

む傾向があり，そのような研究者にとっては，本書のような学説史中心の研究は物足りないものかも知れない。しかし，アメリカの政治や政党システムの現状をより適切に把握するためには，学説史にも目を向けながら，なぜこのような認識の仕方が支配的であったのか，なぜ発想の転換と理論の見直しが求められているのかなどの考察も必要であることをご理解いただきたい。

本書の執筆にさいして，多くの方からご助力をいただいた。とくに久米郁男先生(早稲田大学)，飯田健先生(同志社大学)，前嶋和弘先生(上智大学)，渡辺将人先生(慶應義塾大学)にはドラフトを読んでいただいた。久米先生からは論理構成に工夫の余地があるというコメントをもらい，飯田先生からは政治の分極化の多面性に注意することが必要であるというアドバイスをもらった。前嶋先生と渡辺先生からは，人名表記やアメリカ政治の事実関係についての誤りや疑問点を指摘してもらった。これらのコメントやアドバイスは，本書の内容に反映されている。もしまだ不十分な部分や誤りがあるとすれば，それは私の責任である。

東信堂社長の下田勝司氏には，これまでも何冊かの研究書(共著)の刊行をお願いしてきた。それにもかかわらず，執筆することを約束していたアメリカ政党に関する研究書(単著)の原稿をなかなか仕上げることができなかった。下田勝司氏には原稿の完成を辛抱強く待っていただき，本書の刊行を快諾してくれた。心からおん礼を申し上げたい。

最後に，多くの著作とアドバイスをつうじて，私を大学における研究の世界に誘い，アメリカ政治の研究の面白さを教え，叱咤激励の言葉をかけてくれたのは，早稲田大学の故内田満先生である。先生からは何度も早く研究書(単著)を書くよう促されていたものの，先生の存命中にそれに応えることができなかった。遅ればせながら本書を刊行することにより，やっと先生に言い訳ができるようになったと安堵している。

2024年5月　　　　　　　　　　　　　　　　　　　　吉野　孝

注

1 Rohde, David W. (1991) *Parties and Leaders in the Post-reform House*, University of Chicago Press; Aldrich, John H., and David W. Rohde (2001) "The Logic of Conditional Party Government: Revisiting the Electoral Connection," in Dodd, Lawrence C., and Bruce I. Oppenheimer, eds., *Congress Reconsidered*, 7th ed., Congressional Quarterly Press.

2 Cox, Gary W., and Matthew D. McCubbins (2005) *Setting the Agenda: Responsible Party Government in the U.S. House of Representatives*, Cambridge University Press.

3 Koger, Gregory, and Matthew J. Lebo (2017) *Strategic Party Government: Why Winning Trumps Ideology*, University of Chicago Press.

事項索引

欧数字

CIO	74, 81

ア行

アメリカ進歩センター	104
アメリカデモクラシー救済法	114
アメリカ労働総同盟（AFL）	64, 75
運動社会	8, 70, 71, 107, 112
オーストラリア型投票用紙	15

カ行

隠された4党システム	114
基盤なき政党システム	50
キャンセルカルチャー	112
競争者を1名に絞る選挙制度	14
共和党女性タスクフォース（RWTF）	95, 96
キリスト教右派	70, 74, 76, 77, 81, 100, 101, 107, 108, 111
キリスト教福音派	95
経済および文化亀裂	90
経済亀裂	86, 87, 88, 89, 106
経済亀裂と文化亀裂	9
固定化グループ	73, 79

サ行

再編成説	38-40, 42-44, 54, 55
産業別組合会議（CIO）	75, 78
条件つき政党政治	23, 128
人民党	62
政治の分極化	3-6
政治発展	27
政党規律の低さ	20
政党構造の分権性	18
政党衰退論	29
政党の部分的運動化	8, 71
政党発達	29
政党発展	28
世代理論	44
選挙デモクラシー	26, 108, 113, 115
選挙民の活性化なき再編成	49, 53
全国女性政治コーカス（NWPC）	92-95, 98, 105
全米女性組織（NOW）	92, 94, 98, 105
争点進化	54

タ行

第1次政党システム	31, 80
第2次政党システム	31, 80
第3次政党システム	31, 33, 81
第4次政党システム	32, 81
第5次政党システム	32, 81
第6次政党システム	33, 34, 50, 81
第三党	61, 63, 66, 78, 81, 102
脱編成	33, 38, 48
脱編成期	47
ティーパーティ運動	25, 26, 105
デモクラシー同盟	104, 108
統一政府（united government）	19
党員概念のゆるさ	20, 21
奴隷制廃止運動	77, 91

ナ行

妊娠中絶	92, 93, 95-97, 107
農民運動	61-63, 77

ハ行

平等権修正（ERA） 91-96, 99
ブラック・ライブズ・マター 104
文化亀裂 86, 87, 89, 90, 100, 106, 107
分割再編成 47, 50
分割政府 4, 19
ベトナム反戦運動 74
保守連合 23, 24, 25
ポピュリズム 74, 77

マ行

民主党女性タスクフォース（DWTF） 93, 94

ヤ行

ゆるやかな政治空間 18, 23
予備選挙 15, 16

ラ行

利益団体 63-65, 72
連邦資金の補助制度 16
労働組合 108, 111
ロー対ウェイド判決 76, 95, 99

人名索引

ア行
アブラモウィッツ	51, 53
ヴィグリー	76, 77
ウィルソン	47
内田満	63, 64
オールドリッチ	23, 49, 52, 69

カ行
ガーヴァイス	25
カーマインズ	48, 54
キー	41, 42, 44
キングダン	22
クラッブ	46
クロッティ	5

サ行
サンダース	51, 53
シア	50, 52
シュラフリー	95
シュレジンジャー	40
シュロツマン	71, 78, 79
スティムソン	48, 54
ストーンキャッシュ	49, 54
ソーラウフ	17, 28, 30, 33
ソロス	104

タ行
ダルトン	9, 47, 86, 87, 89, 100
タロウ	8, 68, 70
チェンバーズ	27
ツィンゲール	46
ドラットマン	114
トルーマン	64, 65

ナ行
ネルソン	47

ハ行
ハーシー	33-35
バーナム	29, 38, 42, 43, 44
バイリック	76
パターソン	24
ヒルトン	108
ブキャナン	102
フラナガン	47
フラニガン	46
ブレイディ	46
ベア	66, 67, 70
ベック	44, 46, 47, 48
ペロー	102
ポールソン	50, 53
ボジティス	66, 67, 70

マ行
マイヤー	8, 70
松本俊太	5
メイヒュー	39, 55
モリス	25

ラ行
ラッド	45, 47
リクトマン	45
ルベル	40, 41, 44
ローズノフ	44
ローデ	23

ワ行
ワッテンバーグ　　　49, 53

著者

吉野　孝（よしの　たかし）

1954年生まれ。1978年早稲田大学政治経済学部卒業。1988年早稲田大学大学院政治学研究科研究科博士後期課程修了。早稲田大学政治経済学部助手、専任講師、助教授を経て、1995年より教授。1991年から1993年までジョンズ・ホプキンズ大学高等国際問題研究大学院（SAIS）客員研究員。現在、早稲田大学地域・地域間研究機構長。専門は、英米政治学、政党論、アメリカ政治。著書に、『現代の政党と選挙』（共著、有斐閣、2001年、2011年新版）、『危機のアメリカ「選挙デモクラシー」：社会経済変化からトランプ現象へ』（共編著、東信堂、2020年）、「米国内での分断と和解／トランプ政権後の共和党：分極化政策の動向」『ワセダアジアレビュー』No.24（明石書店、2022年）などがある。

アメリカ政党システムのダイナミズム：仕組みと変化の原動力

2024年10月31日　初　版第1刷発行　〔検印省略〕
定価はカバーに表示してあります。

著者Ⓒ吉野孝／発行者　下田勝司　　印刷・製本／中央精版印刷

東京都文京区向丘1-20-6　郵便振替00110-6-37828
〒113-0023　TEL (03)3818-5521　FAX (03)3818-5514

発 行 所
株式会社 東信堂

Published by TOSHINDO PUBLISHING CO., LTD.
1-20-6, Mukougaoka, Bunkyo-ku, Tokyo, 113-0023, Japan
E-mail: tk203444@fsinet.or.jp　http://www.toshindo-pub.com

ISBN978-4-7989-1925-6　C3031　Ⓒ Yoshino Takashi

東信堂

アメリカ政党システムのダイナミズム
―仕組みと変化の原動力
吉野孝 二八〇〇円

北米移民メキシコ人のコミュニティ形成
吉野孝・山崎眞次編著 二三〇〇円

危機のアメリカ「選挙デモクラシー」
―社会経済変化からトランプ現象へ
吉野孝・前嶋和弘編著 二七〇〇円

オバマ後のアメリカ政治
―二〇一二年大統領選挙と分断された政治の行方
前嶋和弘・吉野孝編著 二五〇〇円

オバマ政権と過渡期のアメリカ社会
選挙、政党、制度、メディア、対外援助
吉野孝・前嶋和弘編著 二四〇〇円

オバマ政権はアメリカをどのように変えたのか
支持連合・政策成果・中間選挙
吉野孝・前嶋和弘編著 二六〇〇円

2008年アメリカ大統領選挙
―オバマの当選は何を意味するのか
吉野孝・前嶋和弘編著 二〇〇〇円

米中対立と国際秩序の行方
―交叉する世界と地域
大澤傑編著 二七〇〇円

ホワイトハウスの広報戦略
―大統領のメッセージを国民に伝えるために
五十嵐隆幸 二八〇〇円

蔑まれし者たちの時代
―現代国際関係の病理
ベルトランド・バディ著 吉牟田剛訳 二四〇〇円

サステナビリティ変革への加速
福富満久訳

緊迫化する台湾海峡情勢
―台湾の動向二〇一九〜二〇二一年
上智大学グローバル・コンサーン研究所編 二七〇〇円

ウクライナ戦争の教訓と日本の安全保障
国際基督教大学社会科学研究所編

門間理良 三六〇〇円

「ソ連社会主義」からロシア資本主義へ
―ロシア社会と経済の100年
松村五郎著 一八〇〇円

パンデミック対応の国際比較
神余隆博編著

リーダーシップの政治学
岡田進 三六〇〇円

「帝国」の国際政治学
―冷戦後の国際システムとアメリカ
川上高司編著 二〇〇〇円

現代アメリカのガン・ポリティクス
石井貫太郎 一六〇〇円

暴走するアメリカ大学スポーツの経済学
山本吉宣 四七〇〇円

グローバル化と地域金融
鵜浦裕 二〇〇〇円

宮田由紀夫 二六〇〇円

内田真人・福光寛編著 三三〇〇円

※定価:表示価格(本体)+税

〒113-0023 東京都文京区向丘1-20-6 TEL 03-3818-5521 FAX03-3818-5514
Email tk203444@fsinet.or.jp URL:http://www.toshindo-pub.com/